Conexión con el Universo
Experiencias Iniciales

CARMEN MEDINA

Reservados todos los derechos. No se permite la reproducción total o parcial de esta obra, ni su incorporación a un sistema informático, ni su transmisión en cualquier forma o por cualquier medio (electrónico, mecánico, fotocopia, grabación u otros) sin autorización previa y por escrito de los titulares del copyright. La infracción de dichos derechos puede constituir un delito contra la propiedad intelectual.

El contenido de esta obra es responsabilidad del autor y no refleja necesariamente las opiniones de la casa editora. Todos los textos e imágenes fueron proporcionados por el autor, quien es el único responsable por los derechos de los mismos.

Publicado por Ibukku
www.ibukku.com
Diseño y maquetación: Índigo Estudio Gráfico
Copyright © 2021 Carmen Medina
ISBN Paperback: 978-1-64086-987-5
ISBN eBook: 978-1-64086-988-2

ÍNDICE

Agradecimientos	5
Introducción	7
Inicios	9
La niña de la unidad	11
Conversación a otro nivel con papá. (Telekinesis)	13
El taxista	15
El ángel de Río Negro	19
Mi pasión por la lectura	23
San Benito	27
Las tres piedras y su mensaje	31
El pacto de hermanas	35
Cumpliendo el pacto	39
El libro perdido	45
Las Mariposas y su significado	47
La Nona	53
El regalo de papá	57
La reencarnación de Lily	59
Premoniciones	63
Elecciones presidenciales	67
Mapas mentales y manifestaciones	69
Mensajes recibidos	71
La partida de mi Papillón	75
Contacto con el universo	79
El sueño premonitorio	83
El reencuentro inesperado	87
Percepción extrasensorial	91
La partida de Mau	95
Conclusiones	101

Agradecimientos

Al mayor inspirador de mi vida, sin ti, no sería la que soy. Tú, quien ha guiado mis pasos desde el momento en que nací, quien con paciencia ha tomado mi mano y enviado a mis guías espirituales con la misión de cuidarme en mi transición por el camino que se llama vida, gracias PADRE UNIVERSAL, creador de todo lo creado.

A mi esposo, compañero de vida, quien ha compartido tantos años de amor y paciencia, gracias por ser como eres, por emprender esta parte de nuestras vidas y mantenerte junto a mí siempre.

A todas y cada una de las personas que han sido mis cómplices en este recorrido, regalándome momentos inolvidables donde hemos aprendido juntos.

A Gisela, por regalarme parte de tu tiempo, involucrarte con pasión y ayudarme a plasmar mis vivencias en la redacción y estilo.

Especialmente a Mau, a quien dedico este libro por darme el privilegio de ser tu hija, por siempre estar ahí cuando más te necesité, aún después de tu partida, al traspasar el umbral de lo desconocido para desde allí seguir guiándome.

Introducción

Querido lector, escribo este libro para ti, si ya está en tus manos y decidiste leerlo, gracias por ser parte de mis lectores.

Quiero contarte las experiencias de mi vida y mi amor al creador, algunos no lo entenderán, otros sí, pero mi misión es que todos conozcan el despertar de una nueva vida.

Te invito a viajar en el tiempo y de alguna manera, mi relato sea una guía para ti, busca en tu corazón, cree en ti. Te regalo la llave de esa puerta que está en tu corazón, para que la abras y descubras lo que está dentro.

Es un mundo no físico, intangible, pero que puedes sentir, porque todos los seres humanos tienen sentidos y ésa es la conexión con el universo, que es intangible, sólo siente el palpitar de tu corazón, el aire que recorre todo tu ser, observa a tu alrededor, disfruta de todo cuanto ha sido creado. Permítete ser tú quien reciba las respuestas a través de mis experiencias. Desde el fondo de mi corazón envío luz y amor para ti.

INICIOS

Escudriñando en el pasado, viene a mi mente el primer recuerdo. Una niña de 3 años, activa, llena de energía y curiosa por conocer este nuevo mundo en el que nací, con padres amorosos y permisivos, siendo la niña consentida, teniendo la ventaja de ser la hija menor de tres niñas, yo era el centro de atención de toda mi familia y lo mejor... era que lo sabía. Un domingo por la mañana, junto a mi familia (padres y hermanas), fuimos al mercado público de la ciudad a hacer compras. Siempre nos llevaban de la mano, sobre protegiéndonos del mundo, pero sobre todo, porque era muy inquieta. Mi madre se encargaba de mis hermanas, yo siempre iba de la mano de mi padre, quien representaba para mí todo, desde ser mi héroe, mi inspiración, mi guía, mi protector. Recuerdo que él me llevaba en sus brazos, pero siendo tan inquieta y tal vez cansado con el recorrido, mi padre me soltó para que caminara a su lado, recuerdo que me dijo: «no te separes de mí» y en un segundo, sin darme cuenta, estaba perdida. ¡Oh, no! comencé a llorar y a llamarlo, «papito, papito, ¿dónde estás?» Gritaba y lloraba desconsolada, mirando a todos lados y buscándolo. Una señora, al ver mi angustia, me tomó de la mano y me preguntó: «¿qué te pasó, estás perdida?», yo veía a todas las personas a mi alrededor gigantes caminando de un lado al otro y el pensar que no vería más a mis padres, era el temor más grande que recorría por todo mi ser. La señora buscó un policía, yo recordé que mis padres decían que los policías eran buenos, al encontrarlo, no sentí miedo de irme con él. En ese momento, el policía me levantó y me tomó en sus brazos para seguir la búsqueda de mis padres, de pronto vi cómo venían hacia mí mis padres angustiados. Papá me abrazó y sonriendo me dijo, «no te vuelvas a separar de nosotros», yo, en ese momento, fui la niña más feliz.

Este encuentro perdurará en mi mente para siempre, esos recuerdos dejaron enseñanzas en mi conciencia, nunca debemos separarnos de nuestro padre creador; aun pensando que somos auto suficientes, al momento en que nos apartamos del camino, el sufrimiento y el dolor de estar desprotegidos nos causa miedo, nos hace actuar de la manera incorrecta, llevándonos por el camino difícil. Cuando lo encontramos de nuevo, nuestras almas se llenan de gozo y nuestro recorrido por la vida se hace más fácil si vamos de la mano de nuestro creador.

La niña de la unidad

Esta historia es real, no es producto de mi imaginación. Con aproximadamente seis o siete años de edad, fuimos a visitar a mi abuela en su casa (en la unidad vecinal), me encantaba ir a visitar a mi abuelita, porque ella nos contaba cuentos y relatos de su vida, ¡nos encantaba! Allí también nos reuníamos con los primos a jugar, afuera de la casa, en la parte del frente, en que había un muro pequeño, bajito, pero que para nosotros era muy grande, nos sentábamos en el borde de ese murito a descansar y estando mi hermanita Lily y yo, de repente ella me dijo que tenía una sensación extraña, yo le dije que sentía lo mismo, en ese momento todo nuestro cuerpo vibraba y sentadas en el muro nos empezamos a balancear sin ninguna explicación, como si estuviéramos automatizadas o hipnotizadas. Luego, apareció de la nada, una niña al lado de nosotras haciendo lo mismo que estábamos haciendo. Ella sólo nos miraba y se mecía. A veces sentíamos eso, sólo cuando ella aparecía en el murito y controlaba nuestros cuerpos y movimientos. Cuando podíamos salir del trance en el que estábamos (por llamarlo de alguna manera), nos levantamos y salíamos corriendo para la casa, en ese momento ella desaparecía. Eso nos sucedió varias veces, lo comentábamos mi hermana y yo.

En otra oportunidad, en que estábamos recordando lo sucedido, una de mis primas nos escuchó hablando y nos dijo haberla visto alguna vez, sintiendo lo mismo que nosotras.

¿Quién era esa niña?, ¿de dónde venía?, ¿dónde vivía?, ¿estaba viva?, ¿estaba muerta?, ¿era un espíritu? Recuerdo que podíamos ver su cuerpo como si fuese real, eran preguntas que nos hacíamos sin tener respuesta, pero éramos unas niñas, no sabíamos qué sentido tenía todo lo que estaba pasando, tampoco sabíamos si era algo normal o paranormal, nunca comentamos eso con un adulto. Los años pasaron, fuimos creciendo y el recuerdo quedó en el olvido, no la volvimos a ver, pero esa experiencia jamás la olvidamos y de grandes comentamos los encuentros. Nuestra conclusión fue que era el alma de una niña atrapada en un mundo en el que ya no pertenecía, nunca pidió ayuda y nunca la vimos como una persona fallecida, al contrario, tan viva como nosotras.

Quiero decirte que los niños, por ser seres puros, tienen la capacidad de ver las cosas que los adultos no ven, no debemos juzgarlos ni truncarlos. Lo mejor será escucharlos y aprender de ellos.

Conversación a otro nivel con papá. (Telekinesis)

A la edad de 6 años, mientras jugaba en mi casa, al pasar por el pasillo del segundo piso donde se encontraban las habitaciones, me detuve en la puerta de la habitación de mis padres, al ver a mi padre haciendo ejercicios de meditación y recostado en la cama con las manos frente a su pecho, elevadas y juntas, haciendo presión con ellas muy concentrado, yo lo observé por un rato sin interrumpirlo, muy atenta, eso llamó mucho mi atención, no sabía para ese entonces qué estaba haciendo. Entré a la habitación con curiosidad y le pregunté, «papi, ¿qué haces?» Él se sentó en la cama, yo me acerqué, él respondió, «estoy preparándome para realizar una cirugía *mija*, las operaciones requieren de un pulso perfecto y mucha concentración». Yo lo escuchaba con atención, pues el tema me apasionó al instante y no sé por qué, relacioné ese momento con el hecho de mover objetos con mi mente, pudo haber sido por los movimientos que él hacía con sus manos y enseguida le pregunté, «papi ¿se pueden mover objetos con la mente?, ¿puedes enseñarme a hacer lo que estás haciendo?» Muy asombrado por mis preguntas, con una risa tal vez nerviosa, me contestó, «bueno hija, todo en esta vida se puede lograr con constancia y perseverancia, yo no sé si puedas mover objetos con la mente, no sé cómo hacerlo». Apenada por mis preguntas o tal vez, por no haber conseguido la respuesta que esperaba, me retiré de la habitación con muchas dudas, pero también con ese propósito en mi mente de algún día poder hacerlo.

Siempre que estaba sola, miraba un objeto fijamente para tratar de moverlo con la mente, tenía ese deseo, pero nunca lo logré porque no tenía ni la mínima idea de cómo hacerlo. Algo dentro mí me decía que sí se podía, nunca lo comenté con nadie más, pero luego se desvaneció el deseo por no tener una orientación de alguien que pudiera dirigirme.

También recuerdo que papá me sentaba frente a él para que lo mirara con firmeza y sin parpadear, como retándome con la mirada, nos concentramos para ver quién podía aguantar más después de unos minutos, comenzaban a salir lágrimas de mis ojos hasta que ya no podía y parpadeaba. Nos reíamos y terminaba el reto, siempre con la certeza de que él era el mejor. Decía que yo tenía una mirada muy fuerte y eso me gustaba porque viniendo de él, ese comentario era para mí lo máximo. Era un hombre de mucho carácter, mucho temple y, por supuesto, una mirada imponente que nadie podía desafiar.

Ahora me doy cuenta de que las palabras sabias de mi padre nuevamente tienen razón. Con constancia todo se puede lograr, así lo entiendo y lo aplico en mi diario vivir dando mi testimonio de que hoy en día puedo mover objetos con mi mente, afirmando con experiencia propia que todo se puede lograr con constancia y perseverancia, pero entreno mi cuerpo y mi mente cada día.

Si tienes una ilusión de querer hacer algo en tu vida, nunca dejes de soñar, los sueños se convierten en realidad.

El taxista

Yo tenía 9 años de edad. Una mañana mi madre le pidió a la chica que nos ayudaba en la casa, que fuera a la tienda a comprar unas cosas que necesitaba para hacer la comida. Escuché a (Mau) mi madre, darle indicaciones de lo que debía comprar y le dije: «Mau, yo quiero ir con ella ¿puedo?, déjame ir Mau». Dijo que no de inmediato. «No, no te voy a dejar ir», lo repitió varias veces con firmeza, yo le insistí, le insistí y le insistí tanto, tanto, tanto... que no tuvo manera de decirme que no. Sólo me dijo: «está bien, pero agárrala de la mano, no la sueltes» y a la chica le dijo, «por favor tómala de la mano y nunca la sueltes, ella no sabe cruzar la calle sola». La chica me dijo que le tomara la mano, así lo hice, pero siendo una niña muy inquieta, nuevamente me solté. No sé si recuerdan, pero la última vez que me solté, algo desagradable sucedió. A una cuadra de mi casa le dije que me soltara porque vi en el piso (un fuerte) una moneda, la de mayor valor para esa época, tomé la moneda y salí corriendo.

La chica me perseguía, pero nunca me alcanzó. No cabía tanta felicidad en mi corazón, con esa moneda podría comprar todos los dulces que quisiera, me olvidé por completo de la chica y de las palabras de mi madre, sólo quería llegar pronto a la tienda. Llegué a la avenida, me detuve en la acera para ver hacia arriba y hacia abajo, como me habían indicado mis padres que hiciera cuando tuviera que cruzar una calle, pero era una avenida. Del lado que yo estaba era solamente bajando y del otro extremo, después de la isla, era subiendo, obviamente tenía que mirar solamente hacia un lado. Cuando miré hacia la avenida, vi que venía un autobús que se paró enfrente de mí, yo corrí delante del autobús para cruzar lo más pronto posible, para que la chica no me alcanzara. Me paré delante del autobús y miré a los dos lados, al momento de cruzar, un taxi que venía detrás del autobús decidió rebasarlo en el momento en el que decidí avanzar. No me vio y obviamente, yo tampoco. Me atropelló y desde ese momento no recuerdo nada, sólo sé que me golpeó fuertemente la cadera con el carro y salí disparada, es todo lo que recuerdo.

Cuando desperté en el hospital, en una camilla, al abrir mis ojos, vi una luz en el techo que brillaba y no sabía dónde estaba. Al voltear la mirada vi a mi madre que dijo: «despertó, despertó doctor», el doctor me preguntó: «¿cómo te llamas?, ¿dónde estás?, ¿cuántos años tienes?» Yo no sabía qué contestarle, estaba aturdida, no sabía dónde estaba, no sabía quién era, no sabía cuántos años tenía, no podía moverme, estaba muy estropeada. Me hicieron radiografías y todos los exámenes para ver si había tenido algún problema en mi columna, me dolía todo el cuerpo, mis rodillas y codos estaban sangrando, me quedé pensando por un momento, mi madre (Mau) estaba desesperada. Luego, empecé a contestar las preguntas. Los médicos que en ese momento me estaban haciendo la observación, decidieron hospitalizarme en el área infantil. Los médicos hablaron con mi padre para decidir los procedimientos de mi recuperación.

Los testigos dijeron que salí disparada por el aire, que mi cara golpeó contra la acera y que perdí el conocimiento. De verdad que por más que lo intento, no recuerdo absolutamente nada, tan sólo el momento del impacto con el taxi.

Me di cuenta de que por el golpe que sufrí en la cara del lado derecho, incluyendo el ojo, cejas, párpados, la forma en la que me miraban y hablaban de mí, los médicos y mi familia no querían que me mirara en un espejo. Le pidieron a todo el que me viera, que no hiciera ningún comentario de mi apariencia para que yo no supiera lo mal que estaba, ni cómo me veía para que no sufriera un trauma psicológico. Una de las visitas que recibí fue de mi hermanita Lily. Me llevó una muñeca y un bolsito para guardar cosas que tiene incorporado un espejo donde venía la muñeca junto con sus vestidos. Ella, inocentemente, me lo dio y yo sin saberlo abrí la cajita, sin querer me vi en el espejo y cuando vi mi rostro, empecé a llorar desesperadamente. Mi madre y las enfermeras no sabían qué hacer, a mi hermanita la regañaron sacándola de la habitación a empujones por *imprudente*. Finalmente, a mí me lograron calmar con un sedante.

Estuve en el hospital mucho tiempo, realmente no recuerdo cuánto, sólo sé que no podía caminar y que pasaron muchos días hasta que empecé a dar mis primeros pasos estando en recuperación, caminaba todos los días por el pasillo del hospital. Luego me dieron de alta.

Ya estando en casa y aún con mi rostro desfigurado, le pregunté a Mau si me iban a hacer una cirugía, ella me dijo que no, que me iba a curar y que no me quedaría ninguna cicatriz. Ella, con sus manos mágicas, todos los días me aplicaba una crema (sebo de oveja) compuesta de una grasa compacta, que mi madre compraba en forma de vela. Ella encendía la vela hasta derretirla, luego se esperaba un poco a que se enfriara y por último la aplicaba en mi rostro, mis rodillas y en mis codos, ese mismo procedimiento se aplicó por muchos meses, hasta que no quedó absolutamente cicatriz alguna en mi rostro. ¡Parecía que nada hubiese sucedido! Todo el trauma de mi cara, del lado derecho incluyendo el ojito, también fue recuperado por completo.

Pasaron varios meses sin ir al colegio, hasta que regresé como si nada hubiese sucedido. Todos en el colegio me dieron la bienvenida, mis maestras y mis compañeras. El día que llegué al colegio estaban todos los alumnos y el personal docente en el patio central del colegio. La directora dio unas palabras de bienvenida, esas palabras que dijo fueron muy emotivas, tanto que todos me aplaudieron como símbolo de solidaridad y amistad, luego volví a mi rutina diaria.

Esta vivencia, me deja como lección de vida, que los hijos debemos siempre escuchar los consejos de nuestros padres, pero como suele ocurrir, no lo hacemos y una de esas soy yo. Mi madre no quería que fuera con la chica y yo le insistí. La consecuencia es que casi pierdo la vida y eso me dejó una cicatriz que quedó en mi alma para siempre. El taxista que me atropelló fue detenido, mi madre y mi padre no quisieron hacer declaraciones en su contra. Mi mamá me dijo que el señor estaba detenido, que ella no iba a imputar cargos, en mi mente de niña yo no entendía por qué no hacían justicia, cuando la afectada había sido yo; qué egoísta de mi parte ¿verdad?

En ese momento no sabía, pero analizando lo sucedido, me di cuenta de que la culpable del hecho fui yo. Con mi imprudencia, había separado a un padre de su familia, el taxista se encontraba detenido sin poder proveer a su hogar, con el riesgo de permanecer preso por un largo tiempo y perder su licencia de taxista. Una acción de mi parte que desencadenó un caos en mi familia y la del taxista. Por eso siempre debemos tener cuidado y saber que toda acción tiene una reacción, que va más allá y afecta toda una sincronía. El universo es perfecto y estamos unidos todos sin darnos cuenta.

Nunca culpemos a los demás de nuestras acciones. Lo que nos pasa en el camino de lo que llamamos vida, son errores o aciertos nuestros y de nadie más. De eso aprendemos grandemente, pero nunca otro ser tiene que ver con eso, sólo nosotros. Somos dueños y responsables absolutos de nuestras acciones, recuérdalo, nunca lo olvides.

El Ángel de Río Negro

Una mañana de semana santa, estábamos viendo televisión mis hermanas y yo. En esta etapa de mi vida ya mi hermanito había nacido, estaba pequeño. Mi padre estaba construyendo una casa más grande.

Llegó a casa y quería descansar un rato, para luego ir a pagarle a los obreros que trabajaban en la nueva casa. Mi hermana Lily y yo tratamos de convencerlo de que nos llevara a Río Negro. Queríamos bañarnos en el río, nuestras amiguitas en el colegio nos comentaban que era bonito estar allá y queríamos conocerlo y disfrutar de eso. Mi padre no quería que fuéramos, no le gustaba mucho estar en sitios concurridos, no nos dejaba bañarnos en piscinas ni mucho menos en un río. Él era muy sobre protector, pero al ver nuestra insistencia dijo: «Está bien, los voy a llevar, pero solamente para que conozcan el río, no se van a bañar, mañana volvemos temprano, organizamos el viaje y disfrutan en el río, pero hoy no se van a bañar, solamente vamos a conocer». Nosotras le dijimos que sí, pero corrimos (Lily y yo) a ponernos nuestro traje de baño escondido debajo de la ropa, para que papá y mamá no se dieran cuenta de que nosotras queríamos bañarnos.

Cuando llegamos al río y al estacionar el carro, esperamos que todos salieran para poder quitarnos la ropa. Salimos sin que mis padres se dieran cuenta, estábamos decididas a meternos al agua. Mamá estaba ocupada con mi pequeño hermanito, Lorena (mi hermana mayor) estaba ayudando a mamá, papá estaba más adelante. Nosotras empezamos a caminar por el borde del río, nos agarramos de la mano y empezamos a caminar, ella (Lily) metió sus pies en el agua y yo la seguí. De repente, ella hizo un paso en falso y cayó en lo profundo del río, allí había un remolino, caímos las dos juntas. Al caer al agua nos soltamos de las manos, la corriente nos empezó a separar cada vez más y más, obviamente no sabíamos nadar, estábamos muy pequeñas. No podía verla a ella y ni ella a mí, pero algo muy extraño pasó. Yo estaba debajo del agua, vi cómo el rayo de sol iluminó mi rostro, el rayo desprendía una gama de colores (arco iris), recuerdo que dije: «Diosito, por favor no me dejes morir, no me quiero ahogar». Veía las burbujitas así como se ven en las películas y no escuchaba nada, sentí paz y miedo al mismo tiempo.

Mi madre me contó que en el momento en que se dio cuenta de lo que ocurría, empezó a gritar, «¡Ayuda, mis niñas se ahogan!» Mi papá salió corriendo y se tiró al agua sin pensarlo, con la ropa puesta. Al llegar donde yo estaba, me tomó de la mano, me jaló hacia arriba y alcancé a tomar aire. En ese momento vi que Lily se estaba separando de nosotros, mi papá me soltó, se fue nadando hasta donde estaba mi hermana Lily, luego regresó, me agarró y me soltó de nuevo para tratar de alcanzarla a ella. Llegó un punto en que se estaba cansando y desesperando, porque no sabía a cuál de las dos salvar. Él también se estaba hundiendo por el peso de la ropa y los zapatos. En aquel momento mi mamá seguía gritando: «¡por favor ayúdame, por favor ayúdennos!» y de repente ella vio que un señor apareció de la nada y se lanzó al agua. Sacó a mi hermana y mi papá me sacó a mí. Nos dieron los primeros auxilios, nos salvaron la vida y volvimos a nacer mi hermanita y yo, el susto pasó. Cuando mi mamá y mi papá voltearon para darle las gracias al señor, él había desaparecido. Era un señor musculoso, alto, moreno, nadie lo conocía, nadie sabía de dónde salió, no estaba con ninguna de las familias que se encontraban en ese lugar. Para nosotros quedó la incertidumbre de ¿quién era ese hombre?, ¿de dónde había salido? Pudo ser un ángel que nos salvó la vida, esa fue nuestra conclusión. Sin su ayuda, mi papá no hubiese podido con nosotras dos y una de nosotras se hubiera ahogado. Mi papá estaba perdiendo las fuerzas y nosotras, en nuestra desesperación, lo estábamos hundiendo, sumando el peso de la ropa. Hasta el pago de los obreros que llevaba en el bolsillo y todo, se arruinó.

Ese ángel que Dios nos envió y el rayo de sol, fue mi primera experiencia con Dios directamente. Vi el rayo que hacía conexión con mi ser, esa paz que sentí fue una experiencia que a mi corta edad fue inolvidable, ahora ese rayo del sol siempre me acompaña y me cuida.

Mi pasión por la lectura

En viaje de vacaciones a la playa con mi familia, disfrutaba mucho esos paseos. Me encanta la playa, me encanta la naturaleza. Desde pequeña, recuerdo que cuando nos llevaban a la playa salía a las 7:00 a. m. de la casa y me sumergía en ese mundo. Al contacto con el agua, el mar, la arena, el sol, no quería salir del agua, mi piel se ponía arrugada y oscura, como si fuera una costeña, sólo salía del agua, literal, para comer y reposar la comida, y luego regresar otra vez al agua.

La casa de la playa quedaba a unos pasos del mar y yo gozaba cada minuto. En esas vacaciones sentía que pertenecía a ese lugar, sin reglas, sólo la naturaleza y yo. Mis primos más cercanos para esa época de mi vida, eran los que conforman casualmente tres hembras y un varón, como en mi familia. La prima mayor estaba sentada en la cama de la habitación de la casa de la playa, ella es mayor que yo unos años, pero siempre la veía como un ejemplo a seguir. Me encantaba su seguridad, su actitud a la vida, su seguridad al hablar. Ya para ese entonces trabajaba, era muy independiente y de carácter fuerte, bueno, así la veía yo.

Yo entré al cuarto y le pregunté qué hacía, ella me dijo que estaba leyendo un libro (novela), ella luego me preguntó:

—¿Tú lees?

—No, bueno, nunca lo he hecho —le dije sorprendida.—No puede ser que nunca hayas leído nada.

—No —respondí yo.

—No sabes lo bueno que es el hábito de la lectura.

—¿De qué se trataba? —le pregunté.—Ya lo voy a terminar de leer, cuando lo termine te lo presto para que lo leas —me aseguró y continuó diciéndome—, leer es muy importante, te nutres y aprendes, es un hábito que me gusta, léelo, te va a gustar.

Comencé a leer el libro, era una novela de una chica que tenía desequilibrio mental. Un libro muy intenso, yo tendría 12 años. Para mí, era un tema muy fuerte de asimilar, pero para sentirme importante lo leí. Debo confesarles que el consejo de mi prima cumplió su cometido, porque me envolvió la magia de la lectura, me sumergió en cada palabra del escritor, viví cada estrofa, mis emociones de tristeza, dolor, acción, me tocaron el corazón y pude entender a la chica de la historia como si la conociera. Independientemente del tema, lo importante fue que en ese momento mi pasión por la lectura nació y empecé a leer todos los libros que llegaban a mis manos, obviamente, cuando empiezas con esa pasión, buscas los temas que te gustan y los temas que a mí me gustaban y me llamaban la atención eran los temas de conciencia, crecimiento espiritual, búsqueda de tu interior, poder mental, que hasta ahora es el tema que más me apasiona. A partir de ahí, leí muchísimos libros y aprendí mucho de ellos y creo que en mi familia soy la única que tiene esa pasión por la lectura y la magia que eso envuelve.

Comencé a cuestionarme muchas cosas. Entre ellas: la religión, la política, no me gusta leer periódico, no me gusta ver noticias, no me gustan las películas de terror, me apasiona todo lo que tiene que ver con el amor, lo positivo, las cosas buenas, la unión y en este punto de mi vida, me he dado cuenta de que somos un todo con el universo. Cuando leía un libro, trataba de involucrar a mi familia en mis vivencias, porque me sentía atrapada en este mundo maravilloso de la lectura y quería compartir mis vivencias con mi mamá, con mi papá, con mi hermana, con mi hijo, con mis sobrinos, con mi esposo, con todas las personas, los allegados a mí. Si me preguntaban cualquier cosa, yo de una vez tomaba el tema y me encantaba. Hasta ejercicios de meditación, relajación, control mental les ponía a hacer y de alguna manera llevarlos al mundo en el que yo vivía.

Mi reflexión de esta etapa de mi vida, es que el universo te persigue, te envuelve y de alguna manera, te despierta en el momento en el que menos te imaginas. Sólo que algunas veces, en nuestro afán de hacer las cosas a nuestra manera, nos empeñamos en ir en contra, pero si te relajas, te das cuenta de que te llevará por el camino correcto. En mi caso, me llevó a ese lugar, con esos elementos perfectos: la brisa, el agua, la arena, el sol y el libro (combinación perfecta) y ¡BUMMMMMM!, hicieron la magia de despertarme dicha pasión. Esto me hizo recordar que desde hace mucho tiempo recibía mensajes. Mi padre siempre nos insistía en que leyéramos los libros que él tenía en la biblioteca de la casa, casi nadie los leía. Hoy en día me doy cuenta que la única que se apasionó por la lectura, fui yo. A partir de la lectura de ese libro que me prestó mi prima, se desencadenó la magia por conocer aún más el universo que nos rodea. Amo mi vida y cada segundo vivido, mis experiencias no las cambiaría por nada en el mundo.

San Benito

En una tarde de verano en mi casa, estaba yo en vacaciones del colegio. Para esa época, normalmente se aplicaban las pruebas de reparación de materias en caso de haberla perdido durante el año, debía ir a reparación. Recuerdo que eran tres materias: matemáticas, química y física (las tres marías, como le decíamos en el colegio). No me gustaba estudiar, nunca me concentraba en las clases, siempre estaba soñando despierta y me desagradaba intensamente seguir las reglas de un mundo, que para mí no era el correcto.

No entendía por qué debía seguir una rutina, como autómata levantarme e ir a un colegio, donde me sentaba en un pupitre y debía escuchar hablar a alguien que no decía nada que llamara mi atención.

Tener que leer libros aburridos que debía aprender al pie de la letra, como un zombi. Repetir lo aprendido hasta el punto de meterse en mis pensamientos y hacerme creer que es así como debemos pensar y si pensamos diferente, somos raros, tontos o incapaces… qué equivocados están.

Bueno, en ese momento de mi vida era rebelde y no entendía por qué imponían reglas. Pero al mismo tiempo me esforzaba terriblemente para encajar en el sistema.

Al reprobar las materias, debía ir a reparaciones para no perder el año. Estudié mucho e intenté entrar en el sistema, sabía que aprobaría, estaba segura de eso, porque había estudiado mucho para complacer a mis padres y que no me cuestionaran. No era lo que me gustaba, pero era lo que debía hacer, porque era lo que hacían o hace todo el mundo: estudiar, graduarse, trabajar, casarse, tener hijos, formar una familia y enseñar a tus hijos a hacer lo mismo. Un ciclo que por siglos ha sido una repetición, que si llegas a pensar diferente o te sales del ciclo, te pueden llegar a cuestionar o a juzgar que eres un perdedor, no vas a triunfar o a ser un desacatado de la sociedad del sistema, etc.

Déjenme decirles que, según mi punto de vista, la base del éxito se encuentra en hacer lo que te apasiona. No importa lo que piensen los demás. No lo hagas para complacer a otros, sigue tu instinto y serás exitoso, triunfador y feliz en cualquier cosa que hagas.

Bueno, retomando el tema, yo, aparte de haber estudiado y puesto todo mi esfuerzo en las materias, había acudido a la ayuda celestial. Mi creencia en ese momento era católica por la formación que me habían dado. Recuerdo que Mau tenía un santo llamado San Benito. Mi Mau me dijo: «pídele a él con fe y verás que apruebas». Llevé al santo a mi habitación y le pedí con devoción que me ayudara en mi petición.

Luego presenté los exámenes y al llegar a casa (estaba sola en ese momento), sonó el teléfono y yo contesté, era la secretaria del colegio que me llamó para darme los resultados. A mí me extrañó y me tomó por sorpresa por no ser esto lo habitual. Siempre los resultados son publicados en cartelera en la sede del colegio, la secretaria me dijo: «la llamo para notificarle que usted ha sido reprobada y debe repetir el año», con un tono irónico y despectivo que destrozaron mi corazón, mi creencia y todo. Colgué el teléfono, me puse a llorar caminando por toda la casa, desesperada, no sabía cómo iba a notificárselo a mis padres, ¿cómo era eso posible?, si yo había estudiado tanto, si con tanta fe le había pedido a San Benito.

Hasta ese día creí en los santos, sentía mucha rabia y desesperación. Entré a mi habitación, agarré el santo y lo tiré a la papelera, me puse de rodillas y le pedí a Dios que me perdonara por haberle pedido al santo y no a él. En ese momento vino a mi mente este pensamiento: «Imagina la tristeza de un padre, que su hijo más preciado confíe su vida, sus necesidades y sus peticiones a un extraño, que acuda a un desconocido para pedir ayuda, cuando puedes ir directamente a él (Dios)». Me pregunté si sentiría Dios que no tendría la suficiente confianza como para acudir a él para que cubriera mis necesidades. Entonces, de rodillas le pedí perdón por mi acción y prometí desde ese instante que no habría en mi vida nadie más sino él, para compartir mis vivencias y mi diario vivir. Desde entonces y hasta ahora, mi padre creador es quien guía mis pasos, no es que esté en contra de ninguna religión o creencia, no critico ni juzgo a nada ni a nadie por sus creencias, pero para mí es así.

Después de una hora aproximadamente de haber tenido esa dura experiencia, sonó el teléfono de nuevo y al contestar, para mi sorpresa era la secretaria del colegio para ofrecerme disculpas, porque había cometido un error y no había reprobado, los exámenes que ella había tomado para poner mis calificaciones eran de otro alumno y que yo realmente sí había aprobado las tres materias, inclusive una la había eximido con 16 puntos.

Colgué el teléfono, saqué a San Benito de la papelera y se lo devolví a mi mamá, porque no por el hecho de que yo piense de esta manera, signifique que los demás van a pensar igual. Sin embargo, este episodio cambió mi vida.

Pienso que desde ese día empezó mi despertar, porque empecé a ver la religión desde otra manera y creer que Dios es nuestro padre creador, no debemos recurrir a otras personas o imágenes, así sean santos, para creer o confiar en Dios, esta es mi forma de pensar, así lo creo y vivo.

Las tres piedras y su mensaje

Antes de contarles sobre esta experiencia, me gustaría describirles un poco cómo era la casa de mis padres en aquel momento, para que más adelante entiendan un poco las experiencias que viví en ese lugar tan importante para mí.

En el primer piso está el garaje techado, 4 habitaciones, 1 baño, sala, cocina, comedor, lavandería; de las 4 habitaciones, 2 están habilitadas como dormitorios, la tercera habitación cerca de la cocina, que se usa como despensa y la última habitación al otro lado del lavadero.

En el segundo piso hay 2 salas, cocina, comedor, 3 habitaciones y 2 baños y la terraza techada sobre el garaje.

En el tercer piso hay una sala en el centro y alrededor 4 habitaciones, cada una con una pequeña terraza, 2 baños y una terraza que da al cuarto piso.

En el cuarto piso está una terraza mirador, desde donde se ve parte de la ciudad y las montañas que la rodean, una vista hermosa.

Yo dormía con mi hermana Lily, esa habitación está en el tercer piso. Una noche, ya de madrugada, estábamos durmiendo y nos despertó a Lily y a mí un ruido que venía de la terraza (cuarto piso). Escuchamos rodar unas piedras pequeñas. Despertamos asustadas, encendimos la luz y comentamos mutuamente: ¡qué extraño!, porque nadie estaba en la terraza. Casi nunca se usaba y mucho menos de madrugada. Nos acostamos de nuevo y escuchamos el mismo ruido tres veces otra vez. Nos levantamos de la cama, revisamos el cuarto, el closet y no vimos nada que nos hiciera asociar el ruido. Nos volvimos a acostar y al día siguiente subimos a la terraza a ver si había algo en el piso, pero no había nada. Cuando bajamos a desayunar, recibimos una llamada telefónica para avisarnos que un primo había fallecido en un accidente automovilístico. De inmediato Lily y yo supimos que nuestro primo vino a casa para avisarnos lo que le había ocurrido. Nos impactó mucho su partida, porque era muy joven, un adolescente y ningún familiar cercano había fallecido antes que él. Esa noche mi hermana Lily soñó con él, dándole un mensaje para mi tía.

El mensaje decía algo así: *...que le encendiera una velita en su cuarto por él y que dejara de llorar, porque él se encontraba bien donde estaba y que si seguía llorando no podía avanzar...*

En su momento, Lily me preguntó, «¿cómo hago para hacerle llegar ese mensaje a mi tía?, sin afectarla en lo que ella siente en este momento por la pérdida de uno de sus hijos». No sabía qué decirle, sólo le di mi apoyo y ella tomó fuerzas como pudo, fue y le hizo llegar el mensaje a mi tía.

Mi experiencia actual con este acontecimiento me hizo analizar que no he sido la única en sentir estas cosas raras o locas (como muchos pudieran pensar). Que estas señales existen y que, aunque en el momento no lo entendemos, debemos saber que pasa por algo y que, si vienen a uno, es para alertarnos o hacernos llegar un mensaje. Ya cada uno lo interpretará a su manera.

Siento que he venido desarrollando estas señales, ya no me asusto, sino que trato de comprender y entender ese mensaje para poder ayudar a otros, aunque sea a enviarle el mensaje a sus seres queridos, para que puedan estar tranquilos o al menos aliviar un poco el dolor. Siento que soy un canal o una vía.

El pacto de hermanas

En 1998 o 1999, no recuerdo exactamente qué fecha fue, estaba en la sala de la casa de mi madre junto a mi hermana Lily, comenzamos a hablar y ella me preguntó:

—¿Qué haces?

—Leyendo un libro que se titula *Supervivientes de la muerte* —le dije.

—Léelo en voz alta —ella me pidió y yo comencé a leer.

En él hay pasajes de experiencias de personas que se han comunicado con sus seres queridos que han fallecido. Después de leer un rato hice una pausa para comentar con Lily lo que leía y haciendo el comentario sobre el libro ella me preguntó:

—¿Existirá otra vida después de esta vida?

—No sé, quién sabe, por lo que dice el libro son experiencias reales con nombres y fechas, yo creo que sí.

—Carmen, vamos a hacer un pacto —Lily dijo.

—¿¡Un pacto!?

—Sí —respondió ella acordando lo siguiente—, si yo muero primero, yo vengo y te digo como estoy en el otro mundo y cómo es eso allá, pero si tú mueres primero, tú haces lo mismo.

Yo le dije en el acto que sí, sin siquiera pensarlo, ni me asusté, le dije que sí, que estaba bien.

Ella se levantó tranquilamente y se fue a su cuarto, yo, por el contrario, me quedé preocupada y pensando ¿cómo vamos a hacer? yo dije, ¿si es cierto, si es verdad que eso se puede hacer, viene y me asusta, si la veo como los muertos que pasan en las películas?, y agregué: ¡no, no, no voy a poder soportar!

Inmediatamente fui al cuarto de ella y le dije: «Lily, vamos a disolver el pacto» y ella me dijo: «¡no, ya está hecho! no lo podemos disolver», yo le dije: «sí, por favor, no quiero que me asustes, no quiero que te me aparezcas, porque si te me apareces y me asustas me va a dar mucho miedo, por favor no lo hagamos», ella me dijo: «sí, —riendo—, sí lo vamos a hacer y te voy a jalar los pies», yo le dije: «¡no por favor, por favor!» Ella, entre juegos, me empezó a asustar, porque soy la menor de 3 hembras y crecí siempre acompañada y consentida por todos (mis papás y mis hermanos). Siempre duermo con alguien, nunca duermo sola y hasta la fecha, literal, nunca lo he hecho. Teníamos habitaciones separadas para cada una y nunca utilicé mi cuarto. En un tiempo, ya más grande, de adolescente, mudé mi cama al cuarto de Lily y nunca la utilicé. Siempre dormía con mis papás desde que nací, hasta los 3 años de edad. Luego con mi hermana mayor Lorena (Sisi, como le digo de cariño) y luego con Lily hasta que me casé. Comento esto, para que sepan mi nivel de miedo de estar sola.

Retomando el tema del pacto. Ella sólo se reía y me decía que me iba a asustar. Al pasar los días, cada vez que la veía, le decía que por favor disolviéramos el pacto, en ningún momento pensé que yo iba a morir primero que ella, siempre pensé que iba a ser ella y me preocupaba el hecho de que ella iba a morir primero que yo y que me iba a asustar. Entonces le pedí que por favor no me asustara y ella me dijo, «no te preocupes que no te voy a asustar, sólo vengo y te jalo los pies, ja, ja, ja». Yo le decía: «no, *porfa* Lily, no seas mala, así no está bien. Ya que no quieres disolver el pacto, me avisas en un sueño o te me apareces bonita para que no me dé miedo». Entonces, casi en detalle, planeamos el encuentro. Nunca hubo preocupación en ella por decirme cómo deseaba que yo me le apareciera, hablamos como si de hecho fuera ella la que se fuera primero.

Quedamos que me avisaría en un sueño y me mostraría cómo era el otro mundo, el otro plano y si se aparecía, que el encuentro sería bonito. Dimos por olvidado el tema y pasaron meses o años, no recuerdo exactamente la fecha, pero creo que fueron dos años o algo así y yo me fui a vivir a otro país. Nosotras seguimos la comunicación por teléfono, pero nunca volvimos a hablar del tema.

Para ese entonces yo era muy miedosa de lo paranormal, pero de igual manera, me apasionaba todo lo concerniente a la espiritualidad, el poder de la mente y la capacidad del ser humano para lograr todo lo que desea. Es más, por ese lado era mi interés y no por el lado de espiritualidad, de espíritus muertos, para esas cosas era demasiado respetuosa del tema. Ese libro, específicamente llegó a mis manos porque mi mamá (Mau) me lo había regalado.

Cumpliendo el pacto

Al despertar un día, en mi habitación, junto a mi esposo. De repente sentí como si me hubiesen despertado de una pesadilla, pero no recordé nada, sólo la sensación, como cuando uno se despierta de un susto, como cuando le falta la respiración o el aire a alguien. Desperté muy asustada, no sabía por qué y me senté en la cama exaltada. De inmediato toqué a mi esposo, que seguía durmiendo y le puse la mano en la cara para ver si estaba respirando, porque esa fue mi sensación. Yo me desperté ahogada, como vi que él estaba bien, me paré corriendo y me fui al cuarto de mi hijo a ver si él estaba bien. Le hice lo mismo, le puse la mano en la cara para ver si estaba respirando y también estaba respirando, estaba bien. Me fui a la cocina y empecé a caminar de la cocina a la sala desesperada porque no sabía qué me estaba pasando, sentía un susto, angustia, desesperación y no sabía qué era. De inmediato me fui al cuarto de nuevo y le dije a mi esposo que me acompañara a comprar una tarjeta telefónica para poder llamar a mi país de origen. Él estaba muy cansado y me dijo:

—Mami, por favor, espérate hasta más tarde.

—No, necesito llamar ahora —le dije.

—Puedes ir tú sola y la compras.

—No, no quiero conducir así, porque no tengo todavía la licencia.

—Bueno entonces espérate un ratito, vamos ahora —respondió casi dormido.

Yo no pude esperar, tomé las llaves del carro y me fui a comprar la tarjeta. En esa casa que estábamos, teníamos sólo unos días, todavía nos estábamos mudando, las cajas con cosas aún sin desempacar y el teléfono no había sido instalado todavía.

Fue en ese año que los celulares eran sólo para llamadas dentro del país, en ese momento me fui para la casa de una amiga a llamar, ella me dijo que si necesitaba cualquier cosa, solamente pasara por la parte de atrás de la casa y abriera la puerta, que la iba a dejar abierta para cualquier cosa que necesitara. Yo me fui a comprar la tarjeta y luego me fui a la casa de ella. Entré a la casa y no había nadie, tomé el teléfono y marqué el número de mi casa y cuál fue mi sorpresa, que ni siquiera hizo un repique y mi papá contestó. Él tenía el teléfono en la mano, entró mi llamada, él pensaba que había contestado la operadora de emergencia en Venezuela (SIMA, nombre del servicio de emergencia de ambulancias). La operadora que contestó la llamada casualmente se llamaba Lily, como mi hermana. Papá la conocía, él dijo: «¿Lily?», yo le dije: «no papi, es Carmen» y él, desesperado, me dijo, «hija, mi muchacha se me está muriendo, ¡estoy llamando a la ambulancia!»

Era 29 de diciembre del 2000, mi mamá y mi papá me contaron que desde muy temprano se fueron a la panadería a mandar a hornear un pernil para celebrar el fin de año. Mi hermana (Lily) aún estaba durmiendo y se fueron ellos dos solos. Mi hermana se quedó sola en la casa. En el momento en el que yo sentí que me estaba ahogando, a ella le dio una trombosis. Empezó a perder oxígeno su cerebro y se estaba ahogando, que era lo que yo sentía en el momento en el que me desperté. Luego me pude dar cuenta, por la hora, que cuando yo me desperté e hice todo para poder contactarlos, justo en ese momento mi papá y mi mamá llegaron a la casa, escucharon un ruido raro en la habitación, la abrieron y mi hermana estaba en el piso convulsionándose. De inmediato mi papá tomó el teléfono para marcarle a la ambulancia y en ese momento fue cuando me entró la llamada.

Yo nunca en mi vida había escuchado a mi padre tan desesperado, él era médico y nunca una emergencia lo había desubicado de esa manera. Sólo pasaron unos segundos y yo de inmediato corté el teléfono para que él pudiera hacer la llamada a la ambulancia y resolver la gravedad. Recuerdo que me quedé en shock. Estaba sola en esa casa, empecé a llorar desesperada, no sabía qué había pasado, mi hermana no estaba enferma, no entendía nada, pero presentí lo peor. Me dio un desmayo, perdí el sentido y no sé cuánto tiempo pasó hasta que llegó el esposo de mi amiga y me levantó del suelo, me sentó en la sala, me hizo un té para tranquilizarme un poco y me preguntó qué pasó. Yo no podía hablar, trataba de explicarle, pero las palabras no salían de mi boca, no podía. Además él no hablaba nada de español. Yo, como pude, le conté, él de inmediato me subió a su carro y me llevó a mi casa. Cuando mi esposo y mi hijo me vieron así, no entendían nada, mi esposo llamó a casa y mi mamita le contó lo que ocurrió.

Ahora entiendo que, lo que yo sentí cuando desperté, fue lo que Lily estaba sintiendo. Que en ese momento su alma se desprendió del cuerpo, vino y me avisó que se estaba despidiendo. Me contaron que la ambulancia la buscó, se la llevaron a emergencia y de inmediato la entubaron, duró dos días así, pero luego falleció.

Para mí fue el golpe más duro de mi vida y quedé bloqueada y en shock, no lo podía creer. Nosotros, mi esposo y yo, viajamos a nuestro país a despedir a mi hermanita. Estuvimos unos días en la casa de mi mamá y luego regresamos a retomar nuestras vidas.

Mi hermana y yo éramos muy unidas. Desde muy pequeñas andábamos juntas para todos lados, yo tenía sólo seis meses de haberme mudado del país y seguíamos el contacto por teléfono, pero a las dos nos pegó mucho el hecho de que no estábamos en el mismo país y no nos podíamos ver. Yo solía hacer mucha meditación y leer muchos libros del poder de la mente, pero desde el momento en que mi hermana falleció, no quise leer más, no quise seguir haciendo las cosas que hacía porque no quería saber absolutamente más nada del tema. Me bloqueé, sólo me movía una profunda tristeza porque no pude ver cerrado el ciclo. No estaba en el mismo sitio que mi hermana, mi familia dijo que asimilaron el dolor de una manera muy distinta a la mía, porque ellos estaban en la casa donde ella vivía día a día, golpeados por el dolor, cada vez dándose cuenta de que lo que había sucedido era cierto. Yo, por el contrario, pensaba que ella no había fallecido, que simplemente estábamos separadas porque no podíamos vernos por estar en diferentes países, pero no pude asimilar el hecho de que ella se había ido.

Después de 10 años regresé a mi país nuevamente y lo primero que quería hacer era cerrar mi ciclo, mi dolor, encarar la realidad. Recuerdo que durante ese tiempo nunca hablaba de mi hermana, no podía, cada vez que intentaba hacerlo o contar algo de nosotras, se me hacía un nudo en la garganta y no podía contener el llanto. Cuando llegué a mi país, a la casa de mi mamá, lo primero que hice fue ir al cuarto de mi hermana. Estuve ahí mucho rato recordando nuestros momentos juntas. Luego fui a su carro y me senté frente al volante y estuve ahí un largo rato también. Luego di un paseo por toda la casa. Por último, llegué al cuarto de mi hermana mayor (Sisi) para descansar un rato. Ella me vio tan triste que me hizo un té, por algún motivo puso música de relajación, no sé si yo se lo pedí o ella tomó la iniciativa, pero tenía 10 años que no escuchaba ese tipo de música ni nada que ver con el tema. Me recosté en la cama y entré en un estado de meditación sin querer. De repente vi una luz en medio del firmamento y alrededor un paisaje hermoso con colores muy intensos, rodeado de mucha luz de colores. Esa lucecita, que era Lily, me tomó de la mano y me llevó volando por todo el paisaje, hicimos un recorrido. Eran figuras de colores Neón y ella era una luz blanca. Yo veía alrededor y estaba maravillada de ver ese mundo tan hermoso. La paz tan linda que se respiraba en ese lugar es algo muy difícil de describir, por lo maravilloso, majestuoso y hermoso que era, de repente ella me soltó la mano y la lucecita (Lily) se metió en un vientre.

En ese momento me salí de la meditación o me desperté, abrí los ojos, recuerdo que llamé a mi hermana *sistercita* y emocionada le conté lo que me había pasado. En ese instante sentí que recorrió en mí una alegría, una emoción, una tranquilidad, una paz y me di cuenta en ese momento que habíamos completado nuestro pacto que ella había venido a enseñarme. Cómo era el otro plano y de una u otra manera pensé que al momento de meterse en el vientre, me estaba indicando que después de pasar al otro plano podemos reencarnar.

Las palabras tienen poder, todo lo que decimos se manifiesta, aunque no le prestemos atención a esas cosas, así es. Con esto aprendí que debo cuidar lo que digo o pienso. Cuando pido algo al universo, trato de hacerlo de manera positiva y cuidando de que mis deseos no afecten a nada ni nadie, así sea para mi beneficio. Cuando hacemos una promesa o un pacto, no queda sólo allí, en palabras, sino que se debe finalizar lo prometido con alguna señal, alguna acción, algún sentir o alguna otra manera particular. Ése fue mi caso, hice mi pacto con Lily y se cumplió. Ese ciclo quedó cerrado.

El libro perdido

En esta etapa de mi vida, dejando atrás mi adolescencia, ya siendo más adulta, buscando respuestas a mis inquietudes de la reacción humana, fue cuando comencé a enfocar más mi lectura y mi aprendizaje en el diario vivir, al poder de la mente. Llegó a mis manos un libro titulado *Despertar*, era de papá, él, al ver mi interés por ese tema específicamente, me lo prestó, me enamoré de ese libro, aunque luego, de manera sincronizada, llegaron muchos más, éste sigue siendo mi preferido.

Los libros llegaban de una manera que sólo la puedo entender ahora, el universo me estaba preparando en mi despertar y en ese momento no me di cuenta. Los encontraba en mi camino por la vida, me los prestaban, regalaban, los encontraba en casa, en una gaveta, tal vez olvidado y uno que otro que compré.

Con esos libros fui alimentando mis ansias por saber del tema y allí, en esa etapa de mi vida, fue cuando decidí escribir un libro. ¡Sí!, un libro. Comencé a plasmar en un cuaderno todas mis experiencias hasta ese momento de mi vida con respecto al poder de la mente. El comportamiento de mis familiares y cómo utilizaban sus dones sin darse cuenta, los usaba como ejemplos, nunca lo terminé porque fue en esa época que nos mudamos de país y tuvimos un cambio total de vida. No podía traer conmigo todas mis pertenencias, sólo lo esencial, dejé en casa de mis padres todas mis pertenecías, mi padre guardó todo lo que dejé en un cuarto de su casa y cuidó de mis cosas con mucho recelo, todo estaba en cajas: mis álbumes, las cosas de cocina, las camas, los electrodomésticos…, todo quedó allí guardado en casa esperando mi regreso, sólo traje conmigo mi ropa y mis deseos de lograr muchas metas.

Después de 10 años que regresé a mi país para visitar a mi familia, mi padre hizo entrega oficial de mis cosas, pero lamentablemente muchas de ellas se deterioraron con el tiempo, de tanto estar guardados, los libros se dañaron con la humedad y el cuaderno de mis notas que no llegó a ser manuscrito, no estaba allí, no lo vi y no le tomé mucha importancia en el momento, porque tenía mucha más importancia compartir cada minuto con mi familia.

En el año 2018, le pedí a mi hermana Lorena que me trajera ese cuaderno específicamente y por más que buscaron, nunca apareció, todo lo demás estaba allí guardado, pero mis notas nunca aparecieron, lo cual me llenó de tristeza porque fue hasta ese momento que quería retomar mi escritura y utilizar esas notas como parte de esto.

Aun cuando no entendemos las vueltas que da la vida y las cosas que pasan en ella, ahora que escribí este libro, me doy cuenta de que hace 25 años, cuando sentí el deseo de escribir, no era el momento correcto, tal vez porque debía vivir todo lo que he vivido y poder plasmar mis vivencias, para que te sirvan de guía a ti, mi querido lector.

Las Mariposas y su significado

Mi mamá (Mau), siempre nos decía que las mariposas marrones oscuras, de las grandes, con círculos en las alas en forma de ojos, tenían relación con la partida de este plano terrenal de algún ser querido, cuando llegaba una de esa especie a la casa y se posaba por un tiempo en alguna parte de la casa, anunciaban la partida de algún pariente. Yo llegué a ver algunas de ellas de joven, nunca creí que fuese cierto, pero al recibir la noticia después de su aparición, comencé a prestar más atención cuando las veía.

Luego tuve mis experiencias, en específico tres que yo viví, y que me gustaría contarles. Yo no le paré mucho al inicio, pero luego me quedé preocupada y lo tomé más en serio cuando empecé a ver esas mariposas que decía mi mamá. En ese momento presté más atención.

Experiencia 1

Uno de los hermanos de mi esposo (mi cuñado, cariñosamente llamado Rigo), sintió un día un dolor muy fuerte en la espalda a nivel de la cintura, debido a ese dolor lo llevaron al ambulatorio y le hicieron una ecografía hepática, que es un examen para detectar lesiones en el hígado. El médico que lo vio le dio el diagnóstico a uno de sus hermanos, donde debían hacerle estudios más profundos, el hermano de inmediato llegó a mi casa a hablar con mi esposo y le contó lo que el doctor le comentó: que Rigo tenía problemas en el hígado.

Mi cuñado no sabía qué hacer y lo llevó a mi casa para que mi esposo buscara una solución. Mi esposo llamó a mi papá para saber si lo podíamos llevar a su clínica, mi papá dijo que sí, que lo lleváramos en ese momento. Rigo tenía mucho dolor con el pasar de las horas. Al llegar a la clínica, al ingresarlo, detectaron que tenía un problema en el hígado, estuvo hospitalizado allí por varios días, sólo un cuarto de su hígado estaba funcionando. Otro especialista se acercó donde mi papá a comentarle que mi cuñado tenía muy dañado el hígado, las probabilidades eran muy bajas porque no sabía a qué se debía, nosotros (mi esposo y yo) estuvimos quedándonos con él en la clínica.

A medida que pasaron los días, Rigo estaba empeorando y mi papá nos recomendó que lo lleváramos a otra clínica u hospital más grande para que lo atendieran, porque estaba muy mal, debían operarlo, pero con la operación estaba el riesgo de tener que entubar y allí no había cuidados intensivos, en ese momento era complicado trasladarlo por no tener los recursos para hacerlo, pero finalmente lograron transferirlo al hospital central para operarlo de manera inmediata. Rigo nos pidió ese día, antes de trasladarlo, que lo sentáramos en el pasillo de la clínica, él siempre, todas las mañanas, nos pedía que lo ayudáramos a ir al baño para ducharse, aún con el dolor que sentía y los sedantes que tenía, no hubo un día que no lo hiciera. Estando los tres en el pasillo, vimos que pasó una mariposa y entró a la habitación de él, ¡sí!, esa mariposa marron oscura con círculos en sus alas en forma de ojos. Mi esposo volteó a ver a su hermano, que hablaba solo y le dijo: «¿Qué pasó Rigo, con quién hablas?» Mi cuñado le dijo que se estaba despidiendo del tío.

Este tío había fallecido una semana antes de que Rigo enfermara, él asistió al funeral y notó que tenía los botones en su camisa, no le quitaron los botones de las camisas a su tío antes de sepultarlo, al día siguiente del funeral, él llegó a mi casa, le comentó a mi esposo su preocupación por los botones de la camisa de su tío, yo escuché con atención lo que mi cuñado le decía, explicándole a mi esposo que por cada botón que tenía la camisa del tío, el iba a llevarse a alguien.

Luego que Rigo le comentara a mi esposo ese hecho, logramos trasladarlo al hospital y, junto con él, la mariposa también salió de la habiatción.

Después de ese episodio, logramos llevar a Rigo al hospital junto con los exámenes ya realizados y al día siguiente lo operaron, todo salió bien en la operación, lo iban a pasar a piso al día siguiente, él estaba en observación, pero luego nos indicaron que lo tenían que volver a operar, porque se estaba contaminando y el antibiótico no estaba haciendo el efecto; lo volvieron a operar, le pusieron una cinta en su muñeca, como las que usan cuando nacen los bebes y él estaba agradecido porque le dijo a mi esposo que había vuelto a nacer, pero en esa segunda operación no se recuperaba de inmediato, lo trasladaron a cuidados intensivos, lo entubaron y trataron de ayudarlo e hicieron todo lo posible, pero se descompensó, fue muy fuerte, lo operaron como 4 veces más y así pasaron varios días, a pesar de los fuertes antibióticos y esfuerzos de los médicos, no se pudo hacer nada, ya no respiraba por sus propios medios, fue un proceso tan fuerte para poder mantener a mi cuñado, no sólo a nivel emocional, sino de gastos médicos.

Mi esposo y yo no nos separábamos de su lado, sólo para lo necesario, fue entonces cuando los médicos nos dijeron que tenían que desconectarlo, llamaron a sus familiares para que se despidieran de él.

En ese momento, lo llevaron a la morgue para prepararlo y vestirlo, en la morgue le dijeron a mi esposo si quería entrar y vestirlo, mi esposo no pudo hacerlo, pero me preguntó que si yo quería entrar y yo dije que sí. Entré con mi prima, que también era su cuñada, y las dos lo vestimos, recordamos el comentario de mi cuñado sobre los botones y le quitamos todos los botones de su camisa y pantalón antes de vestirlo, así cumplimos con su deseo.

Otra de sus cuñadas me contó en su funeral, que una taza, que era la que él usaba cuando iba a la casa de ellos (él tomaba café en esa taza), se rompió en el momento de su muerte y a mi esposo se le reventó el parabrisas de su auto al mismo tiempo, esto lo supe luego de que hablé con ellos.

Lo acompañamos hasta que fue sepultado, nos fuimos a la casa, estábamos mi esposo y yo hablando en el comedor y de repente apareció una mariposa muy diferente a las que les he contado, ésta tenía tres colores, era muy llamativa y a mi esposo le encantó verla y me dijo: «Mami, mira qué hermosa mariposa»; se posó en su rodilla, estuvo allí unos segundos y luego se posó en mi brazo, en ese momento yo le dije: «Papi, ¿no será Rigo?» Empezamos a hablar con la mariposa, porque pasaba de una lado a otro entre mi esposo y yo, tanto, que logré tocarla, de repente la mariposa se fue al lavaplatos y se posó allí, mi esposo me dijo: «Será que quiere bañarse» y yo le dije: «Vamos a bañarla», Tan bonita fue la experiencia que pasamos casi toda la noche con la mariposa, al despertar al día siguiente, vimos que la mariposa pasó dos días en el baño de nosotros, hasta que falleció.

Mi sentir con esta experiencia es que ése era Rigo que se estaba manifestando por medio de la mariposa, como en agradecimiento por haber estado con él sus últimos días, tanto, que mi esposo y yo estamos de acuerdo y convencidos de la experiencia que vivimos.

Puedo decir que ésta fue una de las primeras experiencias que tuve con las mariposas.

Experiencia 2

En uno de los viajes que hice a Venezuela después de la partida de mi padre, nos reunimos en el segundo piso de la casa de Mau, en el lugar preferido de mi papá, hay una puerta que da a la terraza, estaba abierta, estábamos en la sala, cuando en ese momento entró una mariposa mediana y de color marrón, dio una vuelta en la sala y se posó en la lámpara que se encuentra en la entrada a la sala. Lorena y yo nos miramos y comentamos: «Qué raro, una mariposa, ¿será que alguien se va a morir?» Seguimos hablando y lo comentamos con mi prima Manela, ella no prestó mucha atención, tal vez con la intención de restarle poder al acontecimiento, luego, al rato, todos se fueron y nos despedimos, en ese momento la mariposa empezó a revolotear y se fue detrás de nosotras, siguiendo particularmente a mi prima, nosotros comentamos el hecho, pero no le prestamos mucha atención.

Una semana después de ese evento, me llamó mi hermana diciéndome que el papá de mi prima Manela había fallecido. Lore y yo en ese momento recordamos la mariposa y lo comentamos con mi prima, definitivamente confirmamos una vez más que es cierto el significado de las mariposas.

Experiencia 3

Estando en la casa de mi mamá, nos encontrábamos reunidas otra vez mi hermana, mi prima y yo, justo en ese momento pasó entre nosotras una mariposa y revoloteó en la sala del primer piso de la casa de Mau, todas nos miramos y nos quedamos pensando casi todas lo mismo, con la experiencia de los fallecimientos de familiares cercanos y efectivamente, a los 2 o 3 días, no recuerdo bien, falleció otra tía de nosotras. A todas se nos vino a la mente mi mamá.

Con estas tres experiencias que he tenido con mariposas, hoy en día he podido interpretar y entender dos cosas:

1. Que lo que decía mi mamá, al ver esas mariposas grandes marrones, como con ojos, significa que alguien va a fallecer, no de manera inmediata, pero sí a los días o semanas.

2. Que al ver mariposas pequeñas de colores, significa que es la persona fallecida agradeciendo o manifestándose de una manera, para indicar que está bien.

Esto yo no lo sabía, hasta que lo viví, le pasó a mi hermana y a mi prima, que lo vivieron e interpretaron de igual manera que yo, no es casual.

Cuando alguien parte de este plano físico, se manifiestan de diferentes formas y nos acompañan a su manera, siempre y cuando estemos dispuestos a recibir los mensajes maravillosos que nos regala el universo.

La Nona

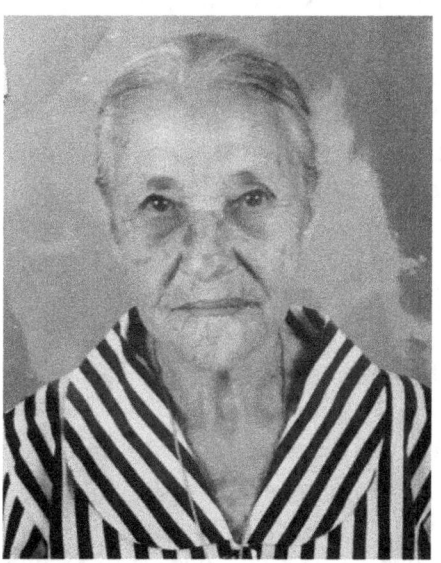

La abuelita de mi esposo estaba muy enferma para esa época, nunca fue a un médico ni siquiera cuando tuvo a sus 7 hijos, los tuvo todos con partera, era una mujer muy saludable, ella siempre vivió con mi suegro, quien fue el que la cuidó y veló por ella todo el tiempo. Para la época en que se enfermó, ella tenía 93 años, se empezó a sentir mal, tan mal que mi suegra la llevó al médico engañada, le dijo que la acompañara a una consulta para ella y estando en el consultorio le pidió a la doctora que la chequeara. La Nona, cómo le decían sus nietos, se enfadó y se resistió, pero luego aceptó que le hicieran una ecografía abdominal y encontraron que tenía un tumor en su estómago, la doctora le aconsejó a mi suegra que la dejaran tranquila, ya no se podía hacer nada, porque operarla y sacar el tumor traería como consecuencia acortarle la vida.

Pasaron varios meses con su dolencia, hasta el punto de que ya no podía moverse sola, teníamos que asistirla en todo, bañarla, darle de comer, en fin, todo. Mi suegro era un hijo muy especial y consentía a su madre con mucho amor, buscaron a alguien que la asistiera, pero no duró mucho tiempo porque la Nona se sentía incómoda con esta persona, decidimos, mi prima (Ira) que también es la cuñada de mi esposo y yo, asistirla. Nos turnábamos, unos días ella y otros días yo, a veces lo hacíamos juntas. La Nona nos quería mucho y nosotras a ella, disfrutaba sus baños y las pláticas que teníamos juntas.

Un día, después de varios meses, decidimos quedarnos todos en la casa de mis suegros, porque la Nona estaba muy descompensada, ya casi no podía hablar, ni comer. En la noche todos nos acostamos a dormir y la Nona empezó a quejarse demasiado, mi prima se paraba y estaba con ella un rato y cuando se queda dormida regresaba a su habitación, luego la Nona se despertaba de nuevo e iba yo, así hicimos por unas horas, entonces decidimos mi prima y yo, quedarnos en el cuarto con ella, había una sillón reclinable y las dos nos sentamos en el sillón y nos recostábamos por minutos, eso se repitió toda la noche, hasta que la Nona se despertó y empezó a decir algo como si estuviera hablando con alguien, le preguntamos qué era lo que decía y nos dijo que era la tía Sara, que la había venido a buscar y que habían paseado por un camino lleno de flores de diferentes colores, mi prima y yo nos miramos y nos dimos cuenta que estaba desvariando según nosotras, porque aun cuando los dolores eran muy fuertes, no quiso tomar medicamento para el dolor, no estaba sedada.

Luego, estando recostadas en el sillón, ya casi rendidas por el cansancio, la puerta del cuarto se abrió completamente por una ola de aire que entró a la habitación, sentimos escalofrío, un velón que la Nona tenía encendido para el niño Jesús, se apagó, nos levantamos del susto, fue una sensación espeluznante, pero no sentimos energías oscuras, ni miedo, pero era una experiencia nunca vivida y en esos momentos de sorpresa, uno no sabe cómo va a actuar.

Nos levantamos y nos abrazamos mi prima y yo, encendimos la luz y la vela, sin decir nada una a la otra, sabíamos que la muerte había entrado a buscar a la Nona, enseguida nos acercamos a su cama, ella nos pidió que la sentáramos en la cama y que le diéramos agua. La levantamos poco a poco, colocamos sus piernas en el borde de la cama, Ira se sentó a un lado de ella y yo en el otro, ella quedó sentada en medio de las dos, le dimos el agua poco a poco, sólo mojó sus labios, ella tenía su mirada perdida, como mirando la luz de la vela, en ese momento entró una brisa suave a la habitación, sus cabellos medio largos, un poco escasos y completamente blancos, se erizaron, ella hizo una expresión de susto con la mirada acompañada de un suspiro y se desmayó. La tomamos entre los brazos, cada una en un extremo y la recostamos en su cama. Yo exclamé: «La Nona se murió», Ira me dijo: «No sé, busca un espejo», acercó su oído a su cara y no sentía su respiración, luego la tocamos para ver si tenía pulso, pusimos las manos en su pecho para tratar de escuchar su corazón y no sentimos ninguna de las dos sus signos vitales, por último, Ira tomó el espejo y lo puso cerca de su boca para ver si se empañaba.

Efectivamente, estaba muerta, queríamos estar 100 por ciento seguras antes de avisar a todos, Ira me dijo: «Carmen, ve a tocar la puerta del Sr. Daniel y le dices que la Nona murió, yo no le voy a dar la noticia, no puedo, ve tú —ella me dijo otra vez— anda, hazlo». Yo me llené de valor, toqué la puerta y dije: «¡Sr. Daniel!», pero no respondió, lo intenté una segunda vez, esta vez más fuerte, él se levantó, abrió la puerta y me dijo: «¿Qué pasó?», yo no me atreví a decirle que su mamita estaba muerta y le dije: «La Nona se siente muy mal», él de inmediato corrió a la habitación de la Nona, al verla en la cama dijo: «Mamita, mamita», la abrazó y con sus brazos la levantó como para sentarla y le dijo «¡no me dejes, no te vayas!», en ese momento ocurrió algo inesperado, la Nona suspiró y abrió los ojitos mirando a su hijo llorando, trataba de decirle algo, pero no pudimos entender qué le dijo, fue una palabra que repitió varias veces y luego se murió. Mi esposo y su hermano llegaron a la habitación, en ese momento todos en la habitación nos dimos cuenta de que la Nona ya había fallecido, su espíritu entró de nuevo a su cuerpo minutos después, sólo para despedirse de su hijo. No podía irse de este mundo, de no ser en los brazos de su hijo más abnegado.

Con esto que pasó ese día en esa habitación, me di cuenta de que el amor lo puede todo, ya la Nona debía partir y lo hizo, literal, regresó de la muerte para despedirse de su hijo. En este caso toda la familia fue testigo de ello.

El regalo de papá

Para el año 1997, hablando con mi papá de libros y compartiendo puntos de vista, empezamos a hablar de la muerte y la reencarnación, le pregunté:

—Papi, ¿usted le tiene miedo a la muerte?

—No *mija* —dijo—, le tengo miedo a la vejez, veo cómo las personas, a medida que van envejeciendo, se debilitan y eso nos hace indefensos, no quisiera llegar a viejo y no hacer nada, no estar activo o no poder valerme por mí mismo, quiero poder trabajar hasta el último de mis días.

—Papi, ¿usted cree en la reencarnación? —le pregunté.

—Se han hecho muchos estudios acerca del tema —me contestó de manera científica—, pero no llegan a ninguna conclusión definitiva, pienso que esa realidad nunca la sabremos.

En ese momento mi papá me regaló un libro llamado *Reencarnación* del autor De Sally Barbosa, hablamos del tema y él me dedicó el libro con lo siguiente:

«Para la persona más querida y amada en la vida, recuerdo muchos momentos bonitos que hemos estado los dos. Tu papá (7/7/98)».

Este regalo significó mucho para mí, porque mi padre, que fue el mejor padre del mundo y de él aprendí muchísimas cosas en la vida, sus consejos y su amor de padre, era poco expresivo con palabras para demostrar su amor, pero con su actitud demostraba todo, no era necesario que lo expresara y cuando me escribió esas palabras, donde quedó plasmado su sentir, fue lo máximo.

Te amo (papillón) donde quiera que estés.

Hoy en día analizo que mi papá me dejó un mensaje muy claro, él nunca me negó ni me afirmó la pregunta que le hice sobre la reencarnación, pero si uno quiere saber una verdad, tiene que buscarla y no desistir en nuestras creencias, por el hecho de que muchas personas no crean en eso, no significa que no sea cierto. Todos vemos e interpretamos de manera diferente, pero queda de parte de cada uno confiar o no.

La reencarnación de Lily

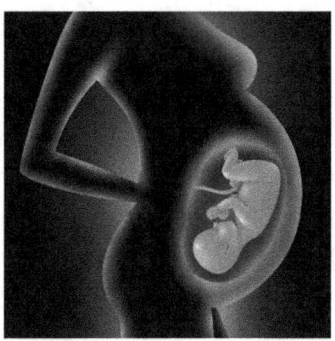

La reencarnación es un tema poco abordado, en su momento no sabía qué podía ser, cómo es, si es esto posible. Se me venían millones de preguntas sobre este tema, pero ahora, en este momento, no me cabe la menor duda de que la reencarnación existe.

En el año 2013 tuve un sueño con Lily, habían pasado ya 13 años de su partida, soñé que ella estaba en la casa de mi sobrina, que estaba con su esposo. Mi sobrina estaba embarazada, su esposo se encontraba a su izquierda; a su derecha, detrás de mi sobrina, estaba Lily, apenas se le veía el cuerpo, sólo recuerdo que con una sonrisa señalaba la pancita de mi sobrina y no entendía qué era lo que me trataba de decir, no hablaba, sólo señalaba y sonreía, desperté pensando en el sueño y quería interpretarlo, pensé que algo le estaba pasando a mi sobrina, no sabía si se sentía mal o si estaba teniendo problemas en el embarazo, pero de nuevo recorrió en mí una angustia, sin saber qué era lo que me había tratado de decir mi hermana.

Después de unos meses, supe que mi sobrina había tenido una hermosa niña, un angelito hermoso llamado Lily... sí, se llama Lily y mi sorpresa fue muy grande, no sabía si preguntarle por qué le habían puesto así y si tenía relación mi sueño con ella. En ese momento me di cuenta de que mi hermana me estaba indicando en el sueño que ella iba a reencarnar en la hija de mi sobrina y cuando conocí a la niña, la tomé en brazos, hicimos contacto visual y fue un encuentro maravilloso, con su mirada me hablaba y sonreía. Es una bebé hermosa, yo quedé enamorada desde el momento en que la vi, no quería separarme de ella, yo sabía que era mi hermana Lily, no quería contárselo a nadie, no quería decírselo a nadie, porque no sabía cómo lo iban a tomar, pero sí sentí la curiosidad por saber por qué le habían puesto así. Mi sobrina no tenía mucha relación con mi hermana, yo sabía o pensaba que no había sido por ese motivo, pero mi curiosidad fue más grande y les pregunté por qué le habían puesto ese nombre y ella me contestó pensando por unos segundos, «por tu hermana, y seguidamente, porque me gusta ese nombre y después de mucho buscar en libros de nombres y escoger tanto, decidí que así se iba a llamar».

El nombre completo de mi hermana era Yliana, pero le decíamos Lily, mi prima le puso Lilian a la niña, pero le decimos Lily, entonces todas mis dudas se disiparon y me di cuenta de que las pruebas eran más y más cada vez. Al pasar el tiempo la veía de vez en cuando, pero disfrutaba cada segundo con ella, la niña fue creciendo y cuando tenía como tres añitos, fui a visitarlos y cuál fue mi sorpresa, que cuando me vio me recibió con emoción, me abrazó y como si no nos hubiésemos separado nunca, empezó a jugar conmigo, hablar conmigo, no quería separarme de ella ni un segundo, ella tampoco de mí. Estuve por un fin de semana y prácticamente no me dejaba sola, ni para ir al baño, tan bella mi Lily.

Yo sabía que la iba a disfrutar en esa edad, que cuando estuviera más grandecita se iba a olvidar de mí, sabía que esos momentos que pasamos juntas no iban a volver a pasar, porque, aunque ella va a estar siempre en mi corazón hasta que me muera, sé que ella ya se olvidó de mí, pero esa vivencia quedará en mi recuerdo para siempre.

De acuerdo con mis vivencias y mi punto de vista, el alma del ser humano, cuando fallece, se eleva a un punto donde puede estar en ese otro plano y en éste al mismo tiempo, por un periodo de tiempo, mientras espera el momento de reencarnar. Si su alma no ha crecido lo suficiente y necesita más aprendizajes en el plano terrenal, es por eso que regresa a la tierra en otro cuerpo y cuando nace, sólo por un periodo de tiempo recuerda cómo fue en su vida anterior, hasta que va creciendo y cuando empiezan a hablar y a conocer el plano terrenal, olvidan su vida anterior.

Premoniciones

Yo me casé muy joven y estando embarazada, tuve un sueño donde tenía a mi bebé en mis brazos, le vi el rostro, lo conocí antes de que naciera, un varoncito hermoso y una gran ternura de madre creció en mí, desde ese momento se despertó mi amor maternal, no quise que me revelaran el sexo del bebé, porque yo ya sabía que era un varón, no compré nada que tuviera que ver con una niña, absolutamente nada rosado o algo que tuviera que ver con el sexo femenino, porque estaba segura de lo que había visto, que mi bebé era un varón y así fue. En el momento en el que nació y lo pusieron en mis brazos, recordé el sueño que fue exactamente igual como lo había vivido en ese momento, sin darme cuenta, tuve una premonición o una visión del futuro.

Hablando de la experiencia que les acabo de contar, me gustaría responder a ¿qué es una premonición? Es la forma como el futuro se manifiesta en nuestro subconsciente y se proyecta en la mente, en pensamientos e imágenes que no podemos entender, porque aún no han ocurrido y no se marcan tan claras como para hacer un bosquejo perfecto y exacto, es armar un rompecabezas con piezas que van apareciendo.

Estando en la casa de mis padres, subí a la terraza del segundo piso para hablar con mi padre sobre una premonición que tuve, él estaba allí observando el horizonte, pensativo, yo no lo quería interrumpir, no sabía cómo hacer para comentarle, pero me dejé llevar, seguí el impulso que sentía en ese momento y empecé diciéndole: «Papi, estoy preocupada porque el dólar está subiendo y nuestra moneda se va a devaluar». Hablando como si fuese un economista o un corredor de la bolsa de valores, como si estuviera pendiente de las noticias (ni siquiera las veía, no me gustaba ni me gusta ver noticias), no sabía cómo decirle, era sólo un presentimiento y no tenía la certeza de qué ocurriría, pero continué diciéndole: «Este presidente va a acabar con el país, la moneda va a subir tanto y sin parar, que yo creo que va a llegar a 100 bolívares por dólar». Papá se sorprendió, no era un tema común entre nosotros, volteó a verme y contestó: «No *mija*, eso no es así, no puede subir tanto, un aumento es muy poco y muy lento, es imposible, ¡no!, tampoco es para tanto». Yo, insistiendo le dije: «Por qué no cambia bolívares por dólares, así usted ganaría ¿no?» Casi como: *bueno, invierta y tendrá ganancias*, diciendo esto como emocionada, porque si acertaba sería un logro para mí haber adivinado un evento así, sin siquiera pensar en el futuro del país. Él, casi molesto, me dijo: «No *mija,* ni siquiera lo piense, si la moneda se eleva así, eso sería una catástrofe para la economía del país». Al caer en cuenta lo que él me dijo con sus sabias palabras, se entristeció mi corazón, hablamos por un momento y luego me retiré sabiendo que si sucediera, no iba a ser nada bueno.

Cuando se tiene una premonición, es algo que no puedes cambiar, ahora que ya lo entiendo, te digo, no es fácil de digerir el que veas eventos que sucederán y no puedas parar, cambiar o entender por completo el evento, sólo debes manejar tus emociones, enviar buena energía para que los acontecimientos que deben suceder, culminen de la mejor manera posible.

Un año después de la conversación con mi padre, el dólar empezó a subir y años después llegó a 100, tuve la oportunidad de conversar con mi padre al respecto, él recordó lo que le había dicho en el pasado, me dijo: «*Mija*, cuando vi las noticias recordé lo que me dijo, yo que pensé que era una locura y mire ya por dónde vamos».

Ahora, cuando veo las cosas que van a pasar, no me angustio tratando de decir lo que veo a otras personas, por el contrario, trato de alinearlas en mi mente, proyecto energía positiva y le pido al universo, de manera consciente y responsable, que me haga saber qué enseñanza tiene para mí esa visión y por qué la veo antes de que suceda, para poder hacer buen uso del evento para mí y los que están involucrados.

Elecciones presidenciales

En el año 1998, fueron las elecciones presidenciales, los candidatos más populares eran dos de los partidos más populares del momento, Acción democrática y Copei, los otros partidos no tenían muchos seguidores, por lo tanto, nada de qué preocuparse.

A mí nunca me interesó la política, mucho menos los candidatos a la presidencia, me daba igual cuál ganara; pero ese año específicamente, fue todo muy diferente, el pueblo cansado de estos dos partidos, comenzó a buscar otras opciones, otros candidatos, con la esperanza de que tal vez todo cambiara. Se despertó en mí un interés por escuchar las dos caras de la moneda, algo me decía que debía prestar más atención a este nuevo movimiento, comencé a observar, a escuchar lo que decían todos los candidatos, a ver al candidato que no era nada popular, ni conocido y darme cuenta de que empezaba a llamar a muchos seguidores y atraía a la masa popular, en ese momento se encendió una alarma en mi cerebro que me decía: no es confiable, él es un lobo disfrazado de oveja, no podía entender cómo la mayoría de las personas con las que hablaba del tema, lo catalogaban como *el salvador*, casi lo idolatraban y parecía que estuvieran hipnotizados, no cabía en mi cerebro tanta ignorancia, no asimilaba que esas personas lo defendieran de cualquier cosa que lo pusiera a él al descubierto, si apenas lo conocían. Se veía un ser implacable, sin corazón, rencoroso, resentido, egoísta, bueno... así lo veía yo, no sé por qué motivo la mayoría lo veía diferente, pero yo seguía insistiendo y a todo el que veía le decía, no voten por él, él acabará con el país, ese hombre quiere hacer dictadura en el país, lo que significaba pobreza y opresión, pero nadie me creía, no daban crédito a mis palabras, pensaban que eso no podía pasar, pero yo nunca dejé de insistir, tanto fue, que le dije a mi esposo que nos fuéramos del país antes de que fuese demasiado tarde.

Él, al principio, no me prestó mucha atención, pero luego me escuchó, pienso que sembré duda en él. Comenzó a ver que lo más congruente era marcharnos del país y dejar todo lo que habíamos construido con sacrificio, pero sobre todo, dejar a la familia, comenzar de cero y así fue, por ese motivo salimos del país huyendo de una catástrofe que se veía venir, nos marchamos y al pasar los años, fuimos viendo mis premoniciones, que para ese entonces no las veía como premoniciones, sino como preocupación, porque me preocupaba mucho ver el escenario en mi mente en un tiempo remoto y luego verlo años después materializado.

De todo esto, duele ver cómo una gran nación se desmorona y cae por la decisión de un pueblo cansado de algo que creíamos era bueno, cuando lo teníamos todo y no lo supimos valorar. Sólo le pido a Dios que algún día, cuando aprendamos la lección, nos permita renacer de entre las cenizas como el Ave Fénix y nuestro país vuelva a ser el de antes y mucho mejor. Hay un dicho que dice: «No sabes lo que tienes hasta que lo pierdes», como lo dije anteriormente, una acción tiene su reacción.

Mapas mentales y manifestaciones

Para esa época de mi vida, el universo me dio muchos regalos, entre ellos, muchos libros que llegaron a mí, libros que me dieron una enseñanza maravillosa y unas ganas de comerme al mundo. Mi padre siempre decía: *el cielo es el límite*, una frase que de tanto repetir, quedó marcada en mi memoria y cada vez que empiezo un proyecto, fluye en mi mente y me da fuerzas para seguir adelante.

En ese momento comencé con mi plan de crear mapas mentales y hacer mi mapa físico. El mapa lo armé con todo lo que deseaba, en un cuadro grande coloqué una foto de mi hijo, de mi esposo y una mía, también coloqué unos dibujos de los pasaportes, de los pasajes y un mapa de Estados Unidos, todos los días veía el cuadro y decía: *nosotros vamos a viajar para Estados Unidos y allá vamos a vivir*, pensaba con ilusión y en detalle todo lo que quería que se hiciera realidad.

Si enfocas tus pensamientos en una meta y diriges esos pensamientos de la manera correcta, el universo comienza a conspirar a tu favor y todo se empieza a coordinar y a sincronizar para que tus metas se culminen y lo logres. Mi esposo empezó a vender las cosas que teníamos, los carros, las motos, todo lo que podía, lo único que no vendimos fue la casa, con la esperanza de regresar algún día, pero eso no ocurrió porque lamentablemente mis predicciones se convirtieron en realidad.

Cuando colocas una meta en tu mente y la acaricias con tanta fuerza, logras tus objetivos y aún más. Ahora, mirando hacia atrás, pienso que al habernos venido impacté en un cambio de vida de muchas personas cercanas, por eso insisto que ese pensamiento o deseo que tenía, estaba sincronizado con otros y sin darme cuenta creé mi futuro y el de otras personas.

Hoy en día, tenemos aquí varios miembros de la familia y con ellos una nueva generación.

Mensajes recibidos

Les quiero contar que uno de los mensajes que recibí y que no entendía, era ¿por qué yo debía ser el canal para cumplir esa misión? Una mañana apareció en mi mente un mensaje muy preciso, aunque no entendía por qué yo recibí este mensaje. Uno de los hermanos de mi esposo tuvo un terrible accidente que marcó su vida y la de su familia para siempre. Él quedó paralizado del cuello para abajo, nunca ha pasado un acontecimiento de esta magnitud en nuestra familia, no sabíamos cómo manejar la situación, los médicos decían que no iba a vivir mucho tiempo, necesitaban de la autorización de la familia para desconectarlo, por supuesto, la familia no quiso aceptar que lo hicieran, pasaron meses y él se recuperó... dijeron que viviría poco y han pasado ya 17 años y sigue vivo, gracias a Dios.

Después de que mi cuñado logró salir del hospital, una mañana me desperté con una misión en general muy clara, que viajara a la ciudad donde él vive, que queda a cuatro horas y media de donde yo vivo, para que le hiciera terapia y él lograra recuperarse. Algo me decía que iba a sanar, que volvería a caminar, pero que debía seguir unas instrucciones muy específicas con un nivel de detalle, que consistía en que construyera un aparato para que él pudiera mover sus brazos (una especie de patín), que le hiciera regresión, que usara diferentes herramientas naturales para estimular sus sentidos, que le leyera un libro llamado *El milagro más grande del mundo* del autor Og Mandino. En fin, muchas cosas debían hacerse, pero yo debía estar presente. En ese momento no sabía cómo decirle a la familia lo que había sentido y decidí quedarme callada, pero en todo el día no hice más que pensar en eso, algo me empujaba, tenía que decirlo, tenía que hacerlo, pensé: voy a dejar a mi esposo y mi hijo para ir a ayudar a mi cuñado. No quería ser una intrusa, mi mente decía: no te metas en eso, no eres tú la que debe hacer esas cosas, pero mi conciencia me decía: tú eres la indicada, hazlo, y así continuaban los pensamientos diciéndome, no te metas en eso, no lo hagas, pero pudo más la misión que me encomendaron que los pensamientos en contra.

Finalmente, ese mismo día, decidí hablar y contar lo que me estaba pasando, así pensarán que estaba completamente loca y eso hice al contarle a mi esposo mi inquietud, aunque nunca le dije a nadie que fue un mensaje, porque ni yo misma me creía lo ocurrido, porque fue muy exacto y preciso. Mi esposo me dijo: «Si eso es lo que crees y puedes ayudar, yo te apoyo». Luego mi esposo me llevó a la casa de mi cuñado, llegué, les conté mi intención y empecé a trabajar en ello, con mucha emoción, con mucha fe y con ganas de lograr mi cometido... pero no pasó mucho tiempo cuando hubo varios factores que me impidieron cumplir mi cometido, creo que no tenían suficiente fe o confianza en mis sugerencias, ni en las cosas que estaba haciendo, aunque los primeros días intentaron llevarme la cuerda (seguir la corriente) sólo por política, no tenían la misma convicción que yo y en ese momento me di cuenta que no era el momento y perdí las esperanzas.

A los 15 días sentí que no se iba a poder luchar más contra la corriente, decidí llamar a mi esposo para que me buscara y abortar la misión, me sentía decepcionada, pero al mismo tiempo aliviada al cumplir mi parte de la misión, ya lo demás, dependía de ellos y no me correspondía a mí forzarlos, ellos debían hacerlo, cuando así lo sintieran.

Los seres humanos somos muy complejos, no debemos insistir en que otros abran los ojos del alma o despierten, ¡no!, nuestra misión es despertar, contar nuestra experiencia para que sirva de guía a otras personas y cuando sea el momento, ellos sigan su propio camino con sus propias experiencias, ellos solos abrirán los ojos del alma y verán la realidad cuando sea su momento.

La partida de mi Papillón

Recuerdo que, en unas vacaciones, mi esposo y yo empezamos a ver lugares en internet para elegir a dónde viajar, él me dijo que escogiera a dónde quería ir, yo había escogido en las vacaciones anteriores México, pero quería también viajar a Venezuela, él me dijo: ¿México o Venezuela? y yo le contesté: Venezuela.

En ese viaje a mi país de origen, disfruté a toda mi familia al máximo, el año siguiente hicimos lo mismo, ver a dónde íbamos a viajar y yo escogí Bahamas, pero también quería ir a Venezuela, entonces mi esposo me hizo la misma pregunta, pero en ese momento sentí tristeza, porque quería ir a mi país, pero también quería conocer otros países, entonces decidimos viajar a Bahamas, tomar un crucero y visitarlo. Disfruté muchísimo ese viaje, es muy bonito ver el océano, el amanecer, el atardecer, navegar es relajante y muy confortable y para el día de las madres, desde el barco, llamé a mi mamá para felicitarla, hablé con ella desde mi camarote, no fue fácil hacer la conexión, pero se logró y le pregunté por papá, ella me dijo que se sentía enfermo, como gripe y ella también se sentía mal, no se podían cuidar el uno al otro porque no tenían fuerzas para hacerlo, me dijo que lo llamara a su número privado, pero fue imposible hacer la conexión para hablar con él ese día. Hasta el día de hoy me pregunto ¿por qué no pude hablar con él ese día?, ¿por qué no insistí?, sentí remordimiento de no haber insistido.

Al llegar a casa de mi viaje de Bahamas, nos acostamos cansados y en la mañana del día 16 de mayo, antes de despertar, escuché un golpe muy fuerte que me despertó de repente, no vi por un segundo a mi esposo y me entró una risa nerviosa, al darme cuenta que lo que me despertó de repente, fue el ruido que hizo mi esposo al momento de caerse de la cama, corrí a ayudarlo pero con susto y risa, le pregunté asombrada, «¿qué te pasó?, porque esto jamás había ocurrido», y él, sorprendido, me dijo, «no sé, sentí que me tumbaron de la cama, que me empujaron», se levantó y se revisó, no tenía ningún golpe en el cuerpo, sólo fue el susto, yo no sentí nada, no presentí nada, no me imaginé nunca nada.

Cuando estábamos desayunando, mi hermana me llamó para decirme que estaba en una clínica con mi padre, no entendía nada ¿cómo que en una clínica, qué había ocurrido?, ella sólo habló unos segundos, desesperada no sabía qué hacer ni cómo manejar la situación, en ese momento yo tomé el carro y fui a buscar a mi hijo al trabajo, él trabajaba cerca, como a 5 minutos de mi casa, yo estaba llorando porque no quería que nada le ocurriera a papá, pero sabía también que al haber ido a una clínica era algo grave, porque de no ser así él no hubiese ido. Al llegar al encuentro con mi hijo, apenas paré el carro frente a la oficina, Lorena me llamó de nuevo para decirme que papá nos había dejado. Mi hijo, al ver mi rostro, de inmediato salió sabiendo que algo grave había sucedido, yo no podía hablar, sólo lo abracé y dije: mi papito se fue, mis piernas comenzaron a temblar, no podían con mi cuerpo, sentía que me iba a desmayar. Mi hijo me sentó en el asiento del piloto y me llevó a casa, desde ese momento entré en un estado de shock. Mi esposo y mi hijo hicieron los arreglos para viajar ese mismo día, los tres tomamos un avión para darle la despedida a mi papillón, ese día se desprendió el alma del cuerpo y ascendió, yo no daba crédito a las palabras de mi hermana, no podía creerlo, no entendía nada. Dos días antes mamá me había dicho que se sentían mal, pero era una simple gripe, según yo, jamás me imaginé que se hubiese desencadenado una tragedia de esa magnitud. Para nosotros, papá era un hombre muy fuerte, jamás sufrió enfermedades, ni gripe le daba, era un roble, yo no entendía nada. Entré nuevamente en un estado de tristeza y dolor, como cuando lo ocurrido con mi hermanita Lily, no lo podía creer, no lo podía asimilar, es demasiado doloroso ver cómo se van los seres que más amas. Siendo mi padre el pilar de la familia, todo se desmoronó en nuestra familia de inmediato.

Cuando hablé con mi hermana y nos contó todo con más detalle, mi esposo y yo nos miramos y nos dimos cuenta de que el que lo tumbó de la cama había sido mi padre, él vino y de alguna manera intentó decirnos qué le estaba sucediendo.

Cosas que no tienen explicación, pero que son más reales de lo que nos podemos imaginar, sí hay conexión y sí hay otro plano cuando partimos de este mundo, de eso no me cabe la menor duda.

Contacto con el universo

En la mañana del 9 de septiembre del 2018, al despertarme de un sueño que me confundió demasiado, hasta la fecha no sé si estaba dormida o estaba despierta, porque era como un sueño, pero no recuerdo haber despertado para poder diferenciar. Llegó a mi cerebro de repente mucha información, como si navegaran muchas palabras por décimas de segundo en mi mente, como cuando una computadora está bajando un programa, sentía que caían muchas piezas de un rompecabezas juntas pero desordenadas.

En ese momento no entendía qué me estaba pasando, era mucha información, no quería olvidar ni un detalle. ¿Cómo haría para recordar toda la información?, ¿cómo recordaría cada una de las piezas del rompecabezas?, ¿podría descifrar qué me estaba ocurriendo?, ¿era lógico o simplemente me estaba volviendo loca? Entré en pánico porque no sabía por qué a mí, por qué yo. ¿Qué significaba todo lo que me estaba pasando?

Sentía que debía contárselo a alguien para no olvidar los detalles, para mí era difícil desahogarme, si lo hacía, ¿me entenderían?, ¿pensarían igual que me volví loca? No sabía qué hacer con toda esa información, no entendía nada, pero me llené de valor y llamé a mi hermana para que me escuchara, ella era parte del plan y aparecía en mis pensamientos, yo la llamé y no sabía cómo decirle lo que me estaba pasando, pero lo hice, la saludé y le pregunté:

—¿Dónde estás? ¿Estás ocupada?

—No —ella dijo—, ¿qué pasó?

—Necesito que me escuches detenidamente y grabes en tu cerebro todo lo que te voy a contar.

Comencé a contarle en detalle que había tenido un sueño, que no sabía si era un sueño, si estaba despierta o dormida, que me había llegado mucha información, me dijeron que buscara mi cicatriz natural, que yo era niño índigo, no tenía idea de lo que era un niño índigo y no sabía si tenía una cicatriz natural, nunca había escuchado eso, que es muy diferente a una marca de nacimiento.

Tendría que ser una cicatriz que desde el momento en que nací venía conmigo, que mi misión desde ese momento en adelante, era salvar al mundo junto con mi hermana Sistercita. Anteriormente no me había pasado ningún acontecimiento que me hiciera pensar que eso tenía sentido, le conté todo lo que tenía en mi mente para que ella se acordara y lo analizáramos luego o que ella me diera su opinión de lo que me había pasado y que pudiéramos interpretar juntas esa situación en mi vida.

Ella me escuchó detenidamente y luego me dijo: «Sistercita, yo creo todo lo que dices y te entiendo más de lo que te imaginas», me explicó lo que ella había escuchado, de lo que era ser un niño índigo. Lo que ella sabía sobre eso era más de lo que yo sabía al respecto, me dijo que me calmara porque en ese momento entré en llanto y casi ni podía hablar, mi cuerpo se estremecía, necesitaba soltar todo eso porque no sabía cómo manejarlo, la única manera era desahogarme con alguien, ella me pidió que no me desesperara y sentí un alivio por el momento. El haber hablado con ella me dio ánimo de pensar que no estaba loca, que era posible que hubiese sucedido y que podría tener lógica todo lo que dije, entre la información que recibí también llegó a mi conciencia estas palabras: «debes ir a ver a tu madre, está delicada y no te queda mucho tiempo para hacerlo», esas palabras llegaron a mi mente y fueron las que más afectaron mi ser, porque algo dentro de mí me decía que esa sería la última vez que vería a mi Mau.

Siempre estamos conectados con el universo desde que nacemos, por algún motivo, en esta oportunidad, la conexión fue clara y consciente, de esta forma el universo me sacudió, dijo: despierta, es momento de reacción y crecimiento, ya es hora. Observa, aprende y enseña.

El sueño premonitorio

Esa noche tuve un sueño, hasta ese momento no soñaba mucho o no recordaba los sueños al despertar, pero ese día desperté y recordé con lujo de detalles ese sueño. Soñé que llegaba a la casa de Mau, en la sala hay una ventana que da a una habitación, también hay dos escalones para bajar al nivel donde se encuentran las habitaciones, hay que pasar por la cocina y por el comedor, yo entré a la sala, bajé los dos escalones y en la cocina vi a mi hermana con un hombre y no sabía si era su hijo o el padre de su hijo, no pude identificar bien cuál de los dos era, iba de prisa. En el comedor había varias personas, entré a la habitación donde estaba Mau, pero ésa no era la habitación donde ella dormía, había mucha gente en la habitación también, ella estaba acostada en la cama, miré hacia la ventana, vi a mi esposo que estaba en la ventana, como elevado, acostado en el borde de la ventana, me sorprendió verlo allí y le dije: «Papi, ¿qué haces ahí?, baja», Mau estaba dormida, yo salí del cuarto de prisa buscando un pañuelo o un paño blanco, entré al lavadero, vi a mi hermano Carlos con un amigo, yo le dije: «Carlitos, pásame ese pañuelo», él me decía «¿cuál?». Había varios pañuelos colgando en la cuerda, yo le indiqué con mi mano cuál era el que quería, él me pasó el pañuelo, era largo como una bufanda, agarré el pañuelo, me fui a la habitación donde estaba Mau y en ese momento desperté. Todo era muy confuso para mí y traté de analizar el sueño, porque no entendía qué significado podría tener, me preguntaba quiénes eran todas esas personas que estaban allí, por qué veía tanto hacia la ventana, por qué mi esposo estaba posado en lo alto de la ventana, ¿para qué quería yo ese pañuelo?

Los mensajes que me llegaron de que ella estaba enferma tendrían relación con el sueño. Me puse a analizar el sueño, llamé a Mau por teléfono para contárselo, luego se lo conté a mi esposo, también se lo conté a mi hermana, cosa que nunca hacía porque nunca soñaba, pero ese sueño me llamó mucho la atención, porque lo más significativo de él, era que alrededor había mucha gente en el comedor y en la habitación, yo no entendía qué hacían todas esas personas en la casa, ¿sería que estaban visitando a mi mamá? ¿qué tenía que ver todo esto con el mensaje recibido?

Para ese entonces mi mami no dormía en esa habitación, dormía en la habitación contigua, pero por algún motivo, yo la vi en esa habitación, la que da a la ventana de la sala donde vi a mi esposo.

Desde ese día yo me enfoqué única y exclusivamente en planear el viaje para ver a Mau, no pensaba en otra cosa que no fuera en eso, la información que me había llegado me tenía aturdida por varios días, pero dejaron de ser para mí una prioridad.

En esos días estaban anunciando que venía un huracán categoría cinco, pasaría por la ciudad donde yo vivo. Planificando el viaje, también estamos haciendo los preparativos de emergencia por el huracán, todas las precauciones que se toman para esos momentos.

En la noche salí al jardín y me senté en unas sillitas en el corredor y de repente sentí algo que me impulsó a prender la cámara del celular y grabar hacia el cielo, estaba nublado y oscuro, iba a empezar a llover. En el momento en el que prendí la cámara, aparecieron tres relámpagos en el cielo, justo donde yo había enfocado el celular y quedaron grabados los tres relámpagos que llenaron de luz el cielo por unos segundos, me pareció muy bonito, pero a la vez muy extraño, le pedí a Dios nuestro padre universal, que disipara el huracán, que no hubiera ningún desastre. Me levanté de la silla y entré a la casa, para ese momento no usaba mucho la cámara de vídeo. Este vídeo fue el primer vídeo que grabé por impulso, sin saber por qué, no tomaba muchas fotos, ni vídeos, solamente de acontecimientos importantes, la capacidad de almacenamiento de mi celular era suficiente para ese momento.

Esa misma noche, el huracán nunca llegó, se disipó antes de llegar a la ciudad donde vivo, pues pasó de categoría cinco a sólo una lluvia fuerte que tumbó pequeñas ramas, no hubo mayor desastre, gracias a Dios.

Días después de este acontecimiento, hablé con mi esposo para expresarle mi sentir, no sabía cómo hacerlo, él no creía mucho en esas cosas de los presentimientos, premoniciones, ¿cómo le diría que debía viajar lo antes posible?, ¿cómo expresar la urgencia sin decirle de dónde salió mi inquietud? Nadie me había llamado para decirme nada.

Mi suegra estaba muy delicada de salud, había sufrido una ACV sólo dos meses atrás ¿cómo le decía a mi esposo que me iba y lo dejaba cuando más me necesitaba? Juntos nos estábamos haciendo cargo de la situación de mi suegra, aparte los aeropuertos en Venezuela estaban cerrados, la frontera con Colombia también, hacer ese viaje, en ese momento, era una locura, nadie sabía de dónde había sacado toda esta información, pero yo creía fielmente en eso, no estaba alucinando al punto de hacer realidad ese viaje. Cuál fue mi sorpresa, que al momento de decírselo me dio todo su apoyo y me dijo que comprara los pasajes, de inmediato lo hice.

Después de comprar los pasajes, llamé a mi prima Manela para contarle lo que tenía planeado hacer, ella estaba con mi hermana. Manela me dijo: «Carmen, qué locura viajar en este momento, no creo que sea lo más conveniente, porqué no esperas. Mi tía (Mau) está bien dentro de su condición, es un riesgo, si pasa algo grave te vienes, pero si no, no vengas». Yo le dije que no, «si pasa algo prefiero ir ahora y disfrutarla en vida, qué voy a hacer yo allá si Mau se va, ya no la voy a poder ver, ni la voy a poder disfrutar».

Después de la partida de mi hermana Lily, mi manera de ver la vida cambió, pienso que uno debe disfrutar en vida a los seres queridos, porque después de que se van no podemos hacer nada para cambiar esos momentos, si no tratas bien a un ser querido, o no lo disfrutas, no le dices que lo amas, de qué te sirve llorar en su tumba arrepentido, no vale de nada, no cambiarás nada.

El reencuentro inesperado

Quiero comentarles que cuando yo enfermaba, mi madre Mau siempre estaba allí para cuidarme, con sus manos mágicas y con sólo una caricia me curaba. Mau siempre estaba inventando algo para hacer, pero con su deterioro físico, ya le era imposible hacerlo, su mente estaba activa y su cuerpo no respondía de la misma manera.

Con este sueño que me llegó, empecé a darme cuenta o a ser más consciente, de que empezó a decaer cada vez más, estaba cada vez más sola, más agotada y limitada. El baño está afuera de la habitación, para alguien saludable y activo es cómodo y funcional, para ella lo fue por muchos años, pero en ese momento era poco conveniente y todo un sacrificio, ella no decía nada, pensaba siempre en los demás antes que en ella, atendía a su esposo y sus hijos y nunca se quejó, para ella eso era su deber y eso la mantenía viva, pero todo cambió, ya no cocinaba, no regaba las matas del jardín, algo que disfrutaba mucho hacer, ya no podía hacer nada, su cuerpo se debilitaba y se estaba apagando.

Cada vez que yo hablaba con ella por teléfono trataba de sacarle información para saber cómo estaba, cómo se sentía, si necesitaba algo. Ella vivía con mis dos hermanos y ellos la atendían, pero cada quien estaba en lo suyo y el mayor tiempo lo pasaba sola en su habitación. A veces la llamaba por teléfono y no respondía, yo dejaba que repicara hasta el final, esperaba unos minutos e intentaba de nuevo, me preocupaba cuando no me contestaba, yo le decía que se llevara el teléfono con ella cuando se levantara de la cama, pero a veces se le olvidaba.

Me di cuenta de que la vida pesa y el cuerpo se cansa cada vez que los años pasan y cosas cotidianas, simples, se hacen complicadas y sobre todo para mi madre.

Una semana después de haber comprado los pasajes, llamé de nuevo a mi prima Manela y a mi hermana Lorena para expresarles mi inquietud, mi madre requería más atención y cuidados, yo quería construir un baño en su habitación para que sólo tuviera que dar unos pasos de la cama al baño. La habitación de mi madre tiene 2 puertas, una da acceso al comedor, cocina y baño, la otra va al garaje.

El garaje de la casa tiene puestos para 4 carros y debajo de las escaleras hay un baño, pero sólo tiene acceso por el garaje. En ese tiempo, sólo se usaban 2 puestos para los carros de mis hermanos, podíamos usar un espacio y construir un baño, era un trabajo grande hacerlo, pero yo sólo pensaba en la comodidad de mi madre.

Manela me llamó al día siguiente y me dijo: «¡Tengo la solución! ¿Por qué en vez de mandar a hacer un baño completo en la habitación de mi tía, no lo hacemos en la habitación de al lado? Mandamos a quitar la ventana que da al baño debajo de las escaleras, se quita la ventana y se hace una puerta, de esta forma no le quitas espacio al garaje y no tienes que mandar a construir el baño porque ya está hecho y mi tía se cambia de habitación». Me encantó la idea y pusimos manos a la obra. Yo le pedí ayuda porque no podía desde aquí hacer nada, ella de inmediato me dijo que contara con ella. Es prima por el lado de mi padre, pero quería mucho a mi Mau y le decía tía.

Manela puso todo su esfuerzo en el proyecto desde el día siguiente, buscó a la persona que quitara la ventana e hiciera la puerta, durante este tiempo ella dejó a su familia para quedarse en la casa de Mau todo el día, y Lorena, por su parte, se encargaba de la comida e ir a comprar lo que hiciera falta.

Después de un mes que recibí el mensaje (el sueño premonitorio), finalmente pude viajar en octubre. Sólo sabían de mi viaje las personas que me ayudarían a llegar a la casa de Mau, mi sobrino que me buscó en Bogotá, Colombia, donde hice escala por un día y en Cúcuta, Colombia, me recibió una prima Tilis, como le digo cariñosamente, siempre que viajo, me busca en el aeropuerto y me acompaña en la odisea de cruzar la frontera.

En el momento en que llegué a la casa de Mau, cuando me vio, casi le da algo, yo me asusté mucho, para ese entonces sufría del corazón y estaba muy delicada de su condición, se emocionó tanto, que se privó de la alegría y le faltaba la respiración, yo le pedí que se calmara, le dimos agua para que se recuperara, la hice reír. Al pasar la emoción empezamos a hablar y grabaron nuestro encuentro.

Mi estadía duró sólo un mes y desde el momento en que llegué, no quise separarme ni un momento de mi Mau.

Los últimos días que pasamos juntas fueron los más tiernos y más vívidos, la cuidé como si fuera mi bebé, le devolví sólo una gota de todo el gran amor que ella, como madre, me dio. Desde que tengo uso de razón, en mi mente sólo hay recuerdos de abnegación, paciencia, cuidados y mucho amor.

En este viaje el tiempo retrocedió y se invirtieron los papeles, ella era mi niña, la bañaba, le hacía masajes, le ponía música de relajación, tuvimos muchas charlas, la cuidé con abnegación, con ternura y amor. Ella no entendía mi actitud, mi entrega, yo disfrutaba cada segundo con ella, quería que el tiempo que le quedaba de vida fueran los mejores, llenos de comodidad, alivio, alegría y mucho amor. Sabía que algo pasaría, aunque no lo quería aceptar y siempre cuestionaba mi premonición diciéndome: «no, ella va a recuperarse y va a vivir muchos años más».

Luego de regresar del viaje, vi el vídeo y pude ver cosas extrañas que pasaron desapercibidas en ese momento, un rayo de luz me acompañaba de la entrada al encuentro con mi Mau y luego otro se apareció entre las dos al abrazarnos y las fotos que tomamos, la luz era muy deslumbrante. Nadie se dio cuenta de eso en ese momento, sólo hasta después de mi regreso fue cuando vi los vídeos.

Siempre vale la pena dejar a un lado todo para compartir con los seres que más amas, nunca se sabe si esos momentos van a ser los últimos, todo pasa, pero los recuerdos quedan, el sentimiento de amor y compartir no tienen precio, busca siempre un lugar para ellos, no importa la cantidad sino la calidad, así siempre tendrás la satisfacción de que, si no los vuelves a ver, regalaste tu tesoro más valioso y recibiste a cambio una gran recompensa: el amor.

Percepción extrasensorial

Estando aún en la casa de Mau, llamé a mi prima Tilis para que me recomendara a alguien que me hiciera la manicura, sin tener que salir de casa y para no separarme de Mau. Ella envió a una sobrina, no nos conocíamos, empezamos a hablar y sin darnos cuenta nos sumimos en un tema poco común para dos desconocidas. Ella empezó a contarme cosas de su vida muy personales, de alguna manera me identifiqué con ella, sentí que podía ver a través de sus ojos, su alma. Comencé a darle consejos como una experta en el tema y con mucha determinación le dije: tú eres médium, ella estaba confundida, no sabía porqué le estaban pasando esas cosas. A pesar de que sus experiencias empezaron cuando apenas era una niña, sabiendo que era algo extraño, no lo terminaba de asimilar.

Ella, sorprendida y emocionada, prestó atención a mis palabras, yo tampoco entendía ¿qué estaba pasando?, ¿de dónde había sacado todo eso que le estaba diciendo? Si yo estaba más perdida que ella con el mensaje que recibí apenas un mes atrás, ¿cómo podría hablar tan segura de otra persona si ni siquiera podía identificar todo lo que a mí me estaba pasando? Aun así, las palabras salían solas de mi boca con mucha sabiduría.

No necesitas tener un título o identificación con los dones que te regala Dios, estos vienen impresos en nuestro ADN, cuando nacemos, la sociedad y las creencias nos dejan muy en claro que si los desarrollas serás criticado y señalado, sin permitir que fluyan naturalmente, como debería ser, por esa razón, al crecer, atrofiamos estos dones o habilidades.

Ella terminó de arreglarme las uñas, yo le dije: «Si quieres, vamos a hacer un experimento para probar tus habilidades y probarte a ti misma que estoy en lo cierto con lo que te dije. ¿Por qué no hacemos un recorrido por la casa de Mau y tú me dices qué sientes o qué ves?» Ella me dijo: «Pero yo nunca he hecho esto antes», yo le respondí: «No importa, déjate llevar, sólo camina, siente la energía, deja que fluya, tú me dices lo que me quieres decir». Ella estuvo de acuerdo, nos levantamos, yo agarré el teléfono y le dije: «¿Te puedo grabar?», ella con una risa nerviosa me dijo: «Bueno, está bien, si quieres». Al empezar el recorrido yo le pregunté: «Por dónde quieres empezar, ¿por el primer piso o por el tercer piso de arriba hacia abajo o de abajo hacia arriba?» «Empecemos por arriba», me dijo.

Ni la Sister, ni Carlos A., sabían qué era lo que estábamos haciendo, yo tomé la cámara, comencé a grabar, ellos me miraban sorprendidos porque no sabían, ¿por qué motivo yo le estaba enseñando toda la casa a esta chica y por qué estaba grabando?, yo le pedí a Carlitos que me abriera las puertas del tercer piso para empezar el recorrido. Sorprendido, pero sin decirme nada, abrió las puertas, subimos a la última parte de la casa, que es una terraza, ella comenzó a hablar y me dijo que sentía la energía de mi hermana Lily, como si hubiese estado allí, empezó a decirme cosas que tenían mucho sentido para mí, pero para ella no, la chica tiene como 22 años, Lily para esa época tenía 18 años de haber partido de este plano, no había manera de que conociera a Lily. Yo estaba emotiva pero no lo demostraba, quería ser muy objetiva para no entorpecer o afectar en su percepción.

Continuamos el recorrido y bajamos al tercer piso, allí sintió aún más la energía de Lily. En ese piso dormía Lily. Luego bajamos al segundo piso, en ese piso era donde papá pasaba más tiempo, entramos a una de las habitaciones donde él colgó una hamaca para relajarse y de alguna manera alejarse del mundo, después de su partida, esa habitación fue renovada, había una cama, ya la hamaca no estaba, pero ella, la chica, se paró justo en ese espacio donde había estado colgada la hamaca, que quedaba al pie de la cama, era su lugar favorito.

En ese espacio específicamente, ella sintió la presencia de un ser masculino, comenzó a describirlo y a decirme muchas casas de él, yo de inmediato sentí escalofrío y noté su presencia, pude identificar que era mi papá, estaba sincronizada con su sentir, se me erizaba la piel, comencé a llorar, pero seguí grabando, ella me decía lo que sentía, lo que mi papá le decía, también me dijo que le enviara un mensaje a Mau. Cuando llegamos a la habitación de mi papá ella no lo sabía, también dijo muchas cosas que tenían mucho sentido para mí, porque en esa habitación mi papito tuvo sus últimos minutos de vida, la energía de su dolor quedó plasmada en ese lugar y ella lo sentía así, luego bajamos al último piso, donde estaba Mau.

Hicimos una pausa antes de llegar a la habitación, le dije a la chica que debía ser ella quien le diera el mensaje a Mau de papá y ella no quiso, ella me decía que cómo le iba a decir a mi mami esas cosas si no hay mucha confianza, yo la interrumpí y le dije que cuando entrara a la habitación encontraría la manera, que sólo se dejara llevar.

Ella empezó a hablar con mi mamá de una manera muy extraña, tomó su pierna como si estuviera haciendo sanación, luego le tomó las manos y le dijo unas palabras muy lindas que lograron enternecer a mi madre. Mau no entendía por qué la chica hacía eso, se quedaron por un corto tiempo conversando, pero nunca le pudo hacer llegar el mensaje que mi papá le había dado para ella. A mi entender, todo lo que estaba haciendo la chica era como ver a mi papá actuando a través de ella, luego salimos de la habitación. Después de compartir unos minutos más con ella a solas nos despedimos, regresé a la habitación de Mau y le pregunté: «Mau, cuéntame qué impresión te dejó la chica», ella respondió: «Me quedé impactada, es una niña muy linda, especial, sentí una felicidad muy grande, sentí como si está haciendo una visita de oración, dejó el cuarto lleno de amor, porque no hubo una palabra que no fuera de amor, de ternura, es que ella lo siente». Ése fue el sentir de mi madre cuando la chica estuvo con ella.

Días después, estando en la sala del piso de Mau, Lorena, Isidro, el esposo de Manela, Manela y yo, recuerdo haberles dicho que después de que terminemos el proyecto de Mau, ella se nos va a ir, Manela dijo con asombro: «¿Por qué dices eso?» Yo respondí que porque así iba a ser, de inmediato Lorena dijo: «Sister, entonces no hagamos nada para que no suceda», yo respondí: «El destino está marcado, no hay nada que podamos hacer para cambiarlo».

Esta experiencia en mi vida fue muy hermosa, dejándome esta enseñanza: Debemos romper paradigmas y estereotipos, dejar aflorar los sentimientos, el amor, dejar de criticar y juzgar a los seres (buenos, puros, limpios de corazón) y de catalogarlos como débiles, lo que hicimos ese día fue simplemente hacer un recorrido por la casa, nunca hicimos ningún ritual o llamamos a nadie especial, sólo caminar y dejar fluir el sentimiento, la respuesta fue clara: sí puede haber conexión si lo haces desde tu corazón. Debemos actuar siempre desde el amor, no importa cuál sea tu creencia o religión, si viene del amor viene de Dios y si Dios está contigo, quién contra ti.

LA PARTIDA DE MAU

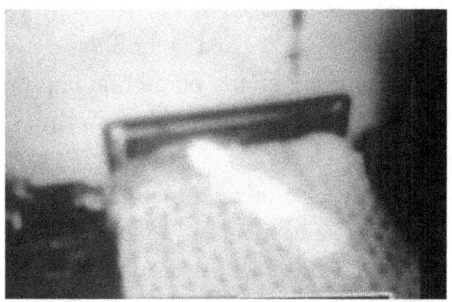

Yo había dejado una cámara de seguridad instalada en la habitación de Mau, la compré y la coloqué en la habitación de ella, con la intención de vernos y hablar cuando yo no estuviera allí. Todos los días abría la cámara y la veía durmiendo, comiendo, le hablaba, le decía: «Maucita, si me ves y me escuchas, levanta el brazo para saber que es así» y ella lo hacía. Estábamos probando la comunicación por ese medio, ya que estábamos a miles de kilómetros de distancia y por ese medio podríamos estar más juntas, yo la llamaba por teléfono y la veía por la cámara, eso me tranquilizaba un poco.

El 28 de diciembre mi tía Rosa y mis primos, fueron a visitarla, cosa que no era común, pero ese día lo hicieron, el que sería el último encuentro con mi madre. Pasaron un buen rato hablando y ella disfrutó mucho de su compañía, yo no vi el encuentro porque no tenía la cámara encendida en ese momento, pero un primo me envió la foto que se tomaron todos juntos, me emocioné mucho porque sabía que eso significaba mucho para Mau. Al día siguiente la llamé para que me comentara del encuentro y la noté muy débil y apagada, le dije emocionada: «Mau, te fueron a visitar» y ella dijo: «Usted me vio por la cámara», le dije: «Sí mamita, me enviaron una foto» y ella, casi con un suspiro, me dijo todo, no la quise forzar a hablar conmigo y le dije a mi mamita que descansara y cuando despertara me llamara, luego le pedí a Mildred, la chica que la acompañaba, que me avisara cuando despertara. En la tarde, casi noche, me llamó Mildred, pensé que ya Mau se había despertado y me dijo: «Su mami no puede respirar bien, la siento muy débil, ¿qué hago? ¿la llevo a la clínica?» «Claro, le dije, llame a una ambulancia». Yo estaba desesperada, no sabía qué hacer, desde aquí no podía hacer nada, llamaron a una enfermera para que la asistiera mientras llegaba la ambulancia, yo le pedía que por favor la reviviera porque estaba perdiendo el pulso, ya no podía respirar, prendí la cámara, llamé a una de las primas, hija de mi tía Rosa, le pedí que fuera hasta la casa y si no había llegado la ambulancia, se la llevarán a la clínica. Ella de inmediato fue, mientras tanto yo veía con desesperación como mi Mau poco a poco se apagaba hasta que dejó de respirar y cuando mis primos llegaron, ya era demasiado tarde, Mau se había ido.

Mi esposo llegó junto con mi hijo y los tres observamos tristemente su partida, mi hijo se retiró y mi esposo estaba sentado a mi izquierda observando a través de la cámara cuando por un segundo vimos una lucecita que voló en la habitación, de inmediato nos miramos y yo le pregunté si vio lo que yo vi y él asintió con su cabeza, yo rompí en llanto y no quería despegar mi mirada de la cámara. Así estuve por un rato, él me dijo que por favor apagara esa cámara y ya no me torturara más, llevaba horas allí y no quise hacerlo hasta que llegaran a buscar su cuerpo. De inmediato empezó a llenarse la habitación de personas, familia y vecinos, yo observaba con impotencia por no poder estar allí. Empezaron a buscar algo para tratar de cerrar su boquita, mientras la buscaban, a una persona se le ocurrió ponerle algo alrededor de su cara, cosa que me molestó sobremanera, le pedí a Mildred que le quitara eso de su cara y que buscara algo más bonito, más delicado, como una bufanda o un pañuelo. Sentí en ese momento que habían personas allí sólo con la curiosidad y la mala vibra de criticar, le pedí a Mildred también que sacara a todas esas personas de la habitación y no dejara entrar a nadie, sólo a mi tía Rosa y sus hijos, ellos rezaron y la acompañaron un rato, luego se quedó la casa vacía, sólo mi hermano Carlos, un amigo de él y Mildred, acompañando a Mau.

Mildred, como un angelito enviado de Dios, estuvo con Mau hasta que la sepultaron, no tengo cómo agradecerle tanto amor y tanta solidaridad, literal, no se separó de Mau hasta sus últimos días. Estaré eternamente agradecida. ¡Gracias Mildred por ser un ángel en nuestras vidas! En ese momento no me despegué de la cámara ni por un segundo, hasta que buscaron el cuerpo de Mau, cuando la sacaron de la habitación, saliendo ella por la puerta, la cámara se dañó, no tuvo más señal y no pude abrirla más. Amanecí viendo sus fotos y recordando tantos momentos juntas, con mucho dolor en mi alma. Haciendo un vídeo de fotos de ella sin saber cómo, apareció la canción de *La sombra de un amor* y la puse de fondo en el video con las fotos de Mau, sentí que ella escogió conmigo las fotos y la canción, que es ahora nuestra canción.

Yo tenía comunicación con Mildred todo el tiempo y ella decidió quedarse en la morgue toda la noche con Mau, al día siguiente, la llevaron a la iglesia y luego al cementerio. Manela, mi prima, me llamó para avisarme que la estaban sacando de la iglesia y se la iban a llevar al cementerio, salí al porche de mi casa y me senté en la silla donde meses atrás había tomado las fotos de los relámpagos, sentada, pensando en Mau. De repente escuché en mi mente que Mau me dijo: «*Mija*, ¿me quieres ver por última vez?, enciende la cámara y si quieres grabar, puedes hacerlo, busca la manera». Yo empecé a temblar, no sabía si estaba alucinando, qué sentido tenía eso, cómo podría verla si ya no estaba, en segundos todo eso recorría por mi mente, empecé a buscar otra cámara para grabar las escenas que viera, no tenía nada aparte de mi teléfono para grabar y algo me llevó a una caja donde tenía una grabadora, la saqué con duda y me pregunté si sería que me va a hablar, no entiendo, me senté en el escritorio, coloqué el teléfono en forma horizontal, convencida de que algo pasaría antes de encender el monitor en la habitación de Mau, abrí la gaveta del escritorio y encontré una cámara, que no sabía si tenía baterías porque no la usábamos por años, encendí el monitor y vi la habitación donde sólo veía la cama vacía de Mau.

Cuando encendí la cámara prendió al instante y cuando comencé a grabar, la batería anunciaba que estaba cargada, yo temblando, sin saber qué sucedería, a los pocos segundos apareció una luz que empezó a danzar por la habitación y de inmediato empecé a decir: «Gracias padre mío por esto, Mau, eres tú, el otro plano sí existe, te puedo ver». Ella, de alguna manera que no sé cómo explicar, me decía en mi mente: estoy bien, estoy feliz, soy libre, puedo volar, no estés triste, que yo estoy bien, ya descansé.

Por mi cuerpo recorre una gran felicidad que llena mi espíritu, mi alma se regocijó, nunca antes había sentido tanta dicha, tanto amor juntos y eso me llevó a una dimensión desconocida. El vídeo duró 9 minutos y algunos segundos, por lapsos de segundos aparecía y desaparecía la lucecita. La cámara paró de grabar porque la batería se agotó y se apagó la cámara, yo apagué el monitor y comencé a bailar de alegría, no sabía cómo, ni porqué, pero el padre universal me había escogido para esto. Disfruté el momento al máximo, luego empecé a hacerme preguntas como ¿estaría alucinando?, ¿se grabó el encuentro?, esto lo tiene que saber todo el mundo, pero antes, debo asegurarme de que se grabó, si no es así, nadie me creerá. Traté de encender la cámara en ese momento para ver lo grabado, sin éxito alguno, dije dentro de mí: qué hago, ¿voy a comprar más baterías? Pero antes saqué la tarjeta de memoria para ver si podía verlo en las computadoras, para mi sorpresa no se podía, porque era una tarjeta vieja y no tenía entrada en las dos computadoras de mi casa, así que recordé que tenía una laptop guardada y la encendí, esa sí tenía la entrada para esa tarjeta, la coloqué y vi la grabación una y otra vez, luego intenté pasarla a mi teléfono sin éxito, así que decidí grabar la imagen con el teléfono enfrente de la laptop, en mi teléfono, lo vi en cámara lenta y cada vez veía más en detalle todo.

Llamé a mi prima Manela y le conté mi experiencia, también a Manolo mi primo, con quien había tenido conversaciones a otro nivel, sobre lo que me había pasado antes de viajar a Venezuela. Le mandé fotos y el vídeo para que ellos lo vieran con sus propios ojos y me dieran una opinión al respecto, quería compartir mi vivencia con todos mis familiares y eso hice. Al llegar mi esposo se lo conté y le mostré el vídeo, también a mi hijo y así lo hice con mis seres más queridos, pero también me sirvió de experiencia entender que no porque tú estés en un nivel de crecimiento espiritual, todos lo estén y no todo el mundo ve las cosas desde el mismo punto de vista que tú lo ves. Para mí fue extraordinario, para ellos algo inexplicable, tal vez increíble y difícil de asimilar, pero estaba la prueba, lo estaban viendo en el vídeo, aun así, no le dieron importancia y olvidaron el tema.

El sueño que tuve antes de viajar a Venezuela se convirtió en realidad, todo lo que vi en él ocurrió. En la casa de mis padres, Mau en la cama, todas esas personas, mi esposo y yo observando todo a través de la cámara que había colocado en la ventana, mi hermana con su hijo, el pañuelo que con tanta insistencia buscaba, todo tuvo sentido en ese momento.

Para mí, esta experiencia, es lo más importante que ha pasado en mi vida. Podría decir que a partir de ese momento nací de nuevo, soy otra persona. Me di cuenta de que la vida no es como nos han dicho, que hay algo más allá, que al fallecer partimos de este plano físico para ir a otro plano, la energía no muere, se transforma y todos somos energía, al desconectarse el alma del cuerpo, nuestra conciencia se encuentra con esa llama de luz y amor incondicional, nuestro ser superior, nuestro padre creador.

Conclusiones

El propósito de escribir este libro fue enseñar a otros a través de mis vivencias, pero el momento en que comencé a escribirlo dio un vuelco de 360°. El inicio del libro sería la partida de mi madre y resultó ser el final del libro y el comienzo de una nueva vida.

Me di cuenta de que el universo me estaba enseñando a conocer una parte de mí que estaba escondida o dormida dentro de mi ser, al hacer un viaje en el pasado, me enseñó a reflexionar y conocer en detalle algo que no sabía que tenía, quizás sí lo sabía pero no lo quería aceptar por miedo al rechazo de los demás. Ahora me siento libre de expresar todo lo que siento, sin miedo ni temor al qué dirán, al conocer mi propia historia, me doy cuenta que mi despertar comenzó en el momento en que nací, me identifico con ella y cada vez que me conozco más me agrado, me sentiré honrada y muy agradecida si sucediera lo mismo contigo, que pudieras despertar y ver más allá de lo que realmente tienes o eres.

www.ingramcontent.com/pod-product-compliance
Lightning Source LLC
LaVergne TN
LVHW011730060526
838200LV00051B/3111